あるある！

笑いと涙のケアマネ劇場

ケアマネ「あるある」発見隊 編集

中央法規

はじめに

この本を手にしてくださっている方はどんな方でしょう。どのようなきっかけで、この本を開くことになったのでしょう。やはり、ケアマネジャーをはじめとする対人援助職と呼ばれる方々が多いのでしょうか。それとも、介護保険ユーザーのご本人やご家族さんが興味をもって手に取ってみていただけたのか。はたまた、まったく関係のないところにいるけれど、好奇心がコチョコチョくすぐられて思わず、なんて方もいるかもしれないですね。

申し遅れました。この度、ケアマネ「あるある」発見隊の隊長を仰せつかった中恵美（なかえみ）です。私は、普段は地域包括支援センターというところで働いております。なので、ケアマネジャーの皆さんとは日常的にチームで動くことが多く、切っても切れない深い仲です。私自身も主任介護支援専門員資格を取得しており、研鑽につぐ研鑽の日々です。

私が発見隊の隊長になったイキサツを少しお話しておきましょう。

北陸新幹線が開通してからというもの、にわかに私のいる金沢に学会ブームが訪れたのです。嬉しいことに、みんなが金沢にやってきて、うまいものを食べたい、もとい（笑）、学びたいと次々に訪れてくださるようになりました。そして、日本介護支援専門員協会の全国大会が開催されたのが２０１７年。地元開催ということは、何かお手伝いをと、私は石川県立音楽堂の能舞台にあがることになりました。といっても、能ではなくシンポジストです（当たり前か）。お題は、**今の時代に求められているケアマネジャーの役割**でした。地域包括支援センターの立場として、何を伝えられるだろうと考えた時に、浮かんだのが、現場「あるある」からケアマネジャーの役割を再考するというものでした。会場より「あるある」と温かい共感をくださったケアマネジャーが多くいらっしゃいました。そこでお話した「あるある」は、どれも私がよく耳にする日常業務上での逡巡についてです。その時のお話が本文中にも掲載されています（第5章 Episode 2）。そして、その時、会場にいたのが、今回編集を担当してくださった中央法規出版の中村強さんなのです。中村さんは、あるあるで本を作ろうと提案してくださり、それは、おもしろい冗談だと受けていたら、なんと本気でした（笑）。そして、村岡真由美さんをはじめとした全国の先鋭あるある隊員の皆さまとの笑いと涙の編集作業がはじまったのです。

ケアマネジャーをはじめとした対人援助職は、いわゆる感情労働者であり、24時間365日積み重なる心的負担は非常に大きいものだと感じています。現に私の仲間たちのなかにも、バーンアウトと簡単には言い難い状況で、満身創痍で業界を去っていった者もおります。これがまた、人のよい人ほど、すり減っていると感じています。まるで、アンパンマンがお腹が空いて困っている人たちに自分の顔をちぎってあげているかのように。そういうケアマネジャーが置かれた環境には、ある共通点があることが経験上みえてきました。そこには、決定的に「笑い」が足りないのです。**深刻な仕事だからこそ、笑えない状況だからこそ、同僚や仲間と「なんだなんだボロ**

ボロだー」と笑ってみる、それで少し顔が上がるなんてことが、案外あったりします。

最後に、ケアマネジャーの皆さんに伝えたいことがあります。ケアマネジャーの仕事はとても尊い仕事です。私が人生の最終章を迎える時に、側にいて私のことを真摯に考えてくれる人は誰だろうと考えると、それはきっとケアマネジャーです。ケアマネジャーは利用者さんやご家族を支えたいと頑張っています。では、そんなケアマネジャーのことを誰が支えるのでしょう。私は、地域包括支援センターの仕事をするなかで、そんな「人を支える人」を支えたいという思いがあります。全国のケアマネジャーの皆さん、どうか、**ご自身のことを大事になさってください**。そして、利用者さんやご家族のために、良き仕事をしてください。そして、仕事にちょっと疲れてしまった時には、この本を開いて、**ちょっと笑ってみてください**。開いたページが大しておもしろくなくても笑ってみるんです（笑）。私たちの脳って実は単純で簡単に騙されますから。笑ってみると、脳が勝手に錯覚して**ちょっとだけ心が軽くなったり、気が楽になったりします**。そして、あなたの身近な誰かに「これって、ケアマネあるあるなんだけどね」と声をかけて、**一緒にくすりと笑いにお誘いしてください**。ほら、あなたももう立派なあるある隊員です（笑）。

疲れたケアマネジャーをみたら、この本をプレゼントしてあげてくださいね。笑いの足りない職場の福利厚生本として、訪問の合間のエナジー本として。支える人を支える一冊になりますように。

ケアマネ「あるある」発見隊隊長　中　恵美

目次

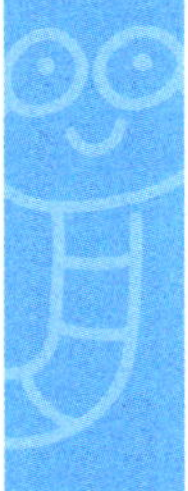

第2章 これって職業病？

第3章 ケアマネはつらいよ

第4章 私だけでしょうか？

第5章 ケアマネ魂！

第1章

愛すべき利用者さん

Episode
1

利用者さん同士が実はつながっていた

ご近所さんには要注意を

「Bさんの担当をお願いします」と新規のケアマネジメントの依頼がありました。住所を伺ったところ、もともと私が担当しているAさんのお近くにお住まいの方だということがわかりました。ふっといや〜な予感がよぎります。「もしかして、AさんとBさんはご近所さん同士でつながっているかもしれない。二人の年の頃も近いし……」。共通点が次々と浮かんできて「怪しいぞ」と。こうなるとケアマネジャーとしては、ちょっとした構えをもって、初回面接に向かうことになりますね。

さて、膝痛から掃除が大変になっているというBさんにケアマネジャーとして提案したのは、ヘルパーによる生活援助でした。そこでBさんが返した一言。

「ヘルパーさんっていってもいろんな人がいるって聞くからね。なんでも雑巾でご主人の大事な遺影を拭かれたとか（苦笑）」。やっぱり。エピソードがAさんのものと一致しました。『ビンゴ』です。お二人のつながりを意識して、相互関係への影響に配慮した面接を続けていきました。

穴があったら入りたい！

ある時突然、利用者さん同士のつながりが明らかになることもあります。定期訪問で伺ったCさんから「隣町に住む妹のケアマネは、何を言ってもうなずくだけで、妹と仲の悪い嫁の顔色ばっかりうかがって、具体的なことは何一つ言わなくて、頼りないんだって」と聞きました。「ケアマネは話を聞くだけじゃなくって、家族関係を取り持ったり具体的な助言も必要ですよね」と、いつものように共感と傾聴の姿勢でCさんのお話に相づちを打つものの、聞いているうちに「あれ……この話って？」という違和感がだんだんと顔を出してきます。『隣町？　嫁と仲が悪い？　Cさんの妹さんの名前って？　……担当のケアマネってまさか』。ああ、願わくば、入る穴をください。

Episode
2

もったいない精神は大切だけど過剰すぎるのも困りもの

モノは大切に！ の精神

モノを大切にしなさい、使えるものは最後まで使うようにと言われて育った方が多いのが今の高齢者。とにかくモノを大切に使い、簡単にごみにするようなことはしません。繰り返し、繰り返し使用することで節約にもなり、良いこと尽くしのようです。

たった一枚で万能な手拭い

Ａさんも両親から「モノを大切に。無駄遣いしないで節約できるところはするように」と言われていました。その甲斐あってＡさんが来客に出すお茶の準備はちょっと、他の人と違います。お茶碗を洗い、洗ったお茶碗を顔を拭いた手拭いで拭き、そして、あたたかいお湯で湯呑をあたためため、あたためた湯呑を同じ手拭いで拭いて、ようやくお茶を入れてくれます。この工程に何も間違いはないですし、しっかりと教えられたことをいまだに守って、行っていることはすごいなと感心しますが、ちょっと気になるのは、１枚の手拭いで全てを済ませていること。これについて尋ねると、「リサイクルよ。洗濯物が増えれば、水も使うことになるし、なるべくまとめてやれることはやるようにして、洗濯物を減らせば水も電気も節約になるでしょ」とＡさん流のリサイクル論を話してくれました。顔もお茶碗もテーブルもそれからトイレに行って洗った手までもそれで拭いちゃいます。大活躍の手拭い。確かにリサイクルって言われればそうかもしれません……。でも、それいつから洗ってないのでしょうか？　なんて怖くて聞けませんが。

Ａさんはこれ以外にも、賞味期限の切れたものも「まだまだ食べられる」と冷蔵庫にため込んでいます。「モノを大切に」の精神は、地球にやさしく、そして食中毒菌にもやさしい。トイレ後の手を拭いた手拭いで磨かれたお茶碗のお茶と賞味期限の切れたお茶菓子はまるでロシアンルーレットのよう。

今日もまたドキドキが止まらない私。

Episode
3

利用者さんから逆にアセスメントされてしまう

アセスメントとは

「アセスメントとは「情報収集と分析の過程」である。アセスメントでは、①情報を収集し、②それらの情報を分析することで、③どのような支援を提供すればよいのかを導き出す。こうした分析は、介護支援専門員が行うものと考えがちであるが、利用者との協働作業のうえでなされることが必要である」[注1]

アセスメントは家庭訪問による面接で行うことが多く、言ってみれば、そこは、利用者さんの住むお城であり、相手の土俵の中でのお話です……。

逆アセスメントのアクセル全開！

「今日は、予告どおり、ケアプランを一緒に作っていくために、Ａさんのことをいろいろと聞かせてくださいね」と滑り出しも順調に、Ａさんとのアセスメント面接がスタート！「えっと、ご出身は、どちらでした？」と生活史を尋ねる質問コーナーを曲がった時のことでした。突然、Ａさんが「ところで、ケアマネさんの出身はどこなんだい？」と逆質問。カチッと私の頭の中で、Ａさんがギアを切り替える音がしました。そう、Ａさんからの逆アセスメントアクセルが踏み込まれた瞬間です。こうなると、いくら私がアセスメントのハンドルを強く握りしめても無駄なのです。

「ああ、そう。苦労したんだねえ。結婚はしてるの？」「家族は何人？」「この仕事大変だろ、これからも続けていきたいかい？」。頃合いをみてブレーキをかけてみます。「ねえＡさん。今日は、Ａさんのことを聞かせていただきたくて来たんでしたよね」。するとＡさんは不敵な笑みを浮かべ、「まあ、固いこと言わないでケアマネさん。こっちのことが知りたけりゃ、まず自分からだろう。それでな、聞きたいのは……」。ああ、スピードが加速していく……この逆アセスメントの車線は、いったいどこに向かっていくのでしょうか。それにしても私を丸裸にするＡさんのアセスメント力、恐るべしです。

Episode
4

訪問日が待ち遠しい せっかちさん

訪問日が待ち遠しい利用者さん

ケアマネジャーとしては、利用者さん宅へ訪問する際は必ず、利用者さんの都合を聞いて日程調整をしますね。日程調整は、2、3日前だったり、1週間前だったりしますが、私たちの想像以上に利用者さんはケアマネと約束した瞬間から約束した日のことが気になってしまうようですよ。「ケアマネさんが来てくれる」といった嬉しさもあれば、「何しに来るんだろう」といった漠然とした不安な気持ちもあり、あれこれ想像しては、そわそわしています。

せっかち利用者VSせっかちケアマネ

とある日のこと。Aさんと14時の約束をしたケアマネBさんは少し余裕をもって、出かけていきました。すると14時になる30分前に「Bさん、まだ来ないんだけど。忘れてないですよね？」とAさんからの電話が事務所にかかってきました。せっかちだなぁと思いつつ、「Aさん、Bさんもうすぐ着くと思いますよ。間に合うように出かけましたから」と留守番職員が伝えると「そう、わかった。もう少し待ってみる」。

間もなくBさんが到着し、「Aさん、こんにちは」と声をかけると「Bさん、待ってたよ〜。ホント朝から待っていたんだよ」とAさんは少し大げさな表現で嬉しそうにBさんを迎えてくれたのでした。それだけ、利用者さんにとってケアマネジャーの訪問日は待ち遠しい日なのかもしれません。

後日、またも14時に訪問の約束をした日のこと。せっかちな利用者Aさんに対して、実はケアマネBさんもせっかちで、今度は13時ちょうどに自宅に到着。玄関のベルを鳴らすもなかなか出てこない。もう一度、鳴らすと慌てて出てきたAさんが「早すぎるよ〜」と一言。さすがに1時間前は早すぎたか……このせっかち勝負はケアマネに軍配。それにしても、せっかちなAさんの希望どおりのタイミングをキャッチするのはなかなか容易ではないようです。

Episode
5

用意周到すぎる利用者さん

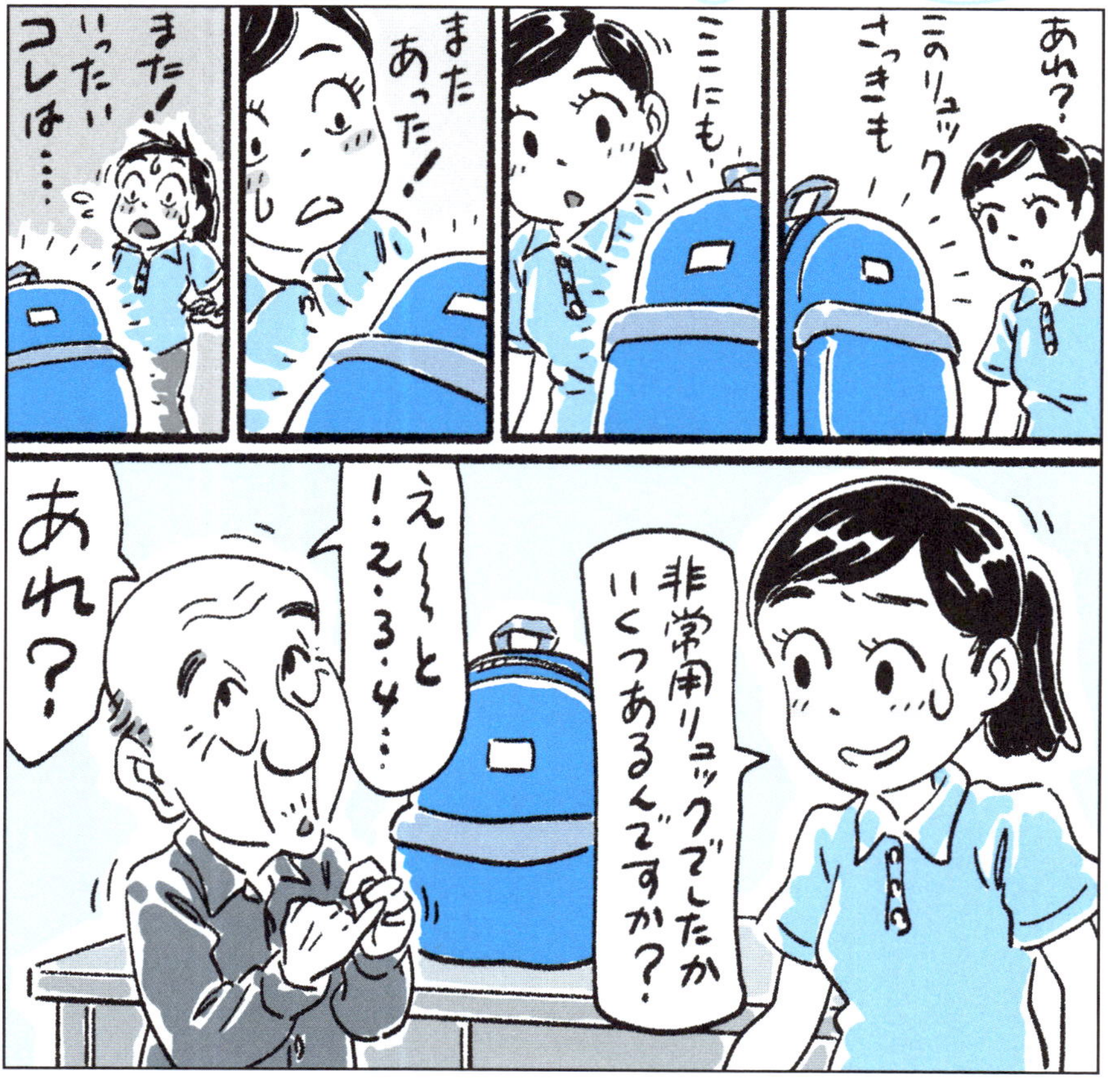

人生いろいろ。こだわりもいろいろ

利用者さんはそれぞれ性格も違えば趣味もこだわりも違いますよね。料理の味付けやお茶の入れ方、モノの配置の仕方など……。健康食品マニアなんかもいますが、ここでご紹介するAさんはとある準備に余念のない方なんです。

そんなに持っては行けないのだけど

東北のとある地方で独居のAさんは震災以来、有事の際の避難準備に余念がありません。Aさんは簡単に背負えるようなリュックを購入。その中身は、お水、下着、お金、食料など。度々中身を点検しては「これでいつ何があっても大丈夫だね」と安心しているのですが、実はこのリュック一つだけじゃないんです。なんとAさんは各部屋にリュックを準備。部屋の中だけではなく、押し入れの中やベランダにも置いてあります。その数は合計7個！　確かにこれだけあれば安心だけどさぁ、1個あれば十分じゃない？　という言葉を飲みこんで、Aさんの安心のために定時のリュック点検に付き合います。しかもリュック自体にもこだわりがあって、色も形も大きさも同じです。全部同じ見た目なので、どのリュックを確認したかを忘れることもしばしばあります。でもこのこだわりの備えこそがAさん流なんです。さて、いざって時にAさんはどのリュックを持っていくのかなぁ。

こだわりよりも命が一番！

そんなある日のこと。たくさんのリュックを備えているAさんの家にご近所さんが遊びに来て言った一言。「いっぱい準備してるけど、命が一番大事！　一目散に逃げるんだよ。まごまごしてないで一緒に逃げるんだよ」その言葉に妙に納得したAさん。次の訪問時には、あれだけあったリュックが激減していたのでした。備えあれば憂いなし、だけど、命あっての物種ですからね。

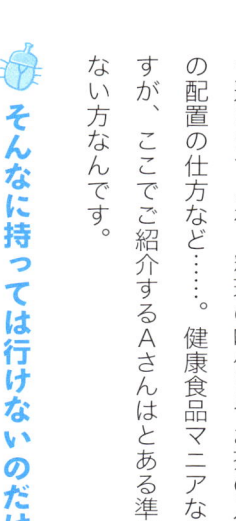

Episode
6

目の前のお茶菓子は誰のもの？

ケアマネさんが好きなお菓子だから、ね

事業所の方針にもよるでしょうが、私は利用者さんの自宅で出されるコーヒーやお菓子に手をつけることはありません。けれど毎回、訪問すると「今日もケアマネさんが好きなコーヒーとお菓子、準備しておいたから」と言う利用者さん。「私、好きって言ったことあったかな〜？」と疑問に思いながらも、訪問をするたびに毎回、準備して、「ケアマネさんが好きなお菓子だからね」と取ってつけたように付け加える利用者さんの姿が愛らしくも感じます。

出されるお菓子から利用者さんのアセスメントを

ケアマネが訪問するとなれば、何か準備しておかなければいけないと思うのは利用者さんの心情です。お客さまには「おもてなし」をというのは日本人ならではの美徳です。ケアマネはお客さまではないのでお茶やお菓子の準備は必要ないのですが、利用者さんが食べたいお菓子を家族に遠慮することなく食べるための大義名分にまんまと利用されているわけです。「今日はちょっと遠くのお店まで行って、限定品のお菓子を買ってきたの、限定品、好きでしょ？　一緒に食べましょう」と半ば強引な勧誘。Bさんは、私が食べないことを知っていてあえて勧めます。「食べないなら、もったいないから私がいただくわね」と美味しそうに食べているBさんに「Bさん、そのお菓子好きなんですね」と若干イジワルな質問をすると、一瞬バツの悪そうな顔をしたBさん。「何言ってるのよ〜これはケアマネさんが好きだって言ってたから買っておいただけよ」と言い逃れます。「今度はケアマネさんが好きなC屋のお団子買っておくからね」とBさん。ふむふむ、C屋のお団子が好きで、○町まで買い物に行かれるのね……と利用者さんの行動範囲や好みのアセスメントを。Bさんの笑顔のためなら、そのお団子も好きなフリをしますとも。

Episode
7

申請のはじまりは保険証探しから

はじめての介護保険被保険者証。

私の実家の母が65歳になった時のこと。いくつになっても嬉しいお誕生日に、楽しいランチを終えてルンルンと帰宅、いつものようにポストを開けると……。例のブツが早速届いておりました。お役所からの封書に入って届いた、はじめての介護保険被保険者証（介護保険証）です。「ちょっとショック～」と母。自分や家族のこととして考えてみれば、そうですよね。はじめての介護保険証なんて、まだまだ他人事。忘れるくらいでちょうどよいくらいです。

はじめての申請手続きは家宅捜索から

さて、ところ変わってケアマネとしての私のある日のこと。はじめての要介護認定申請手続きのために訪問したAさん宅でのお話です。ちゃぶ台に広げた申請書を前に待ちぼうけをしてから、はや30分が経過。なぜこんなことになったのか、遡って、原因を考えます。

自己紹介をしてから、ニーズの聞き取りをし、タイミングを見計らっておもむろに出した申請書。ここまでは順調だったはず。そうだ、そこで、「介護保険証はありますか？　65歳以上の皆さんは、役所から送られてきているものなのですが」と伝えたところで歯車が狂ったんだ。『おばあちゃん、どこやっちゃったの。もうなんでもしまっちゃうんだから』と、家族総出の大捜索がはじまってしまったのです。

「あの、なくっても委任状があれば、簡単に再発行できますから」、一旦こうなると私の声など届きません。次々取り出されるのは、期限切れの医療保険証。年度ごとに色違いが並んできれいだなあと眺めつつ、最後の切り札を出してみました。「仏壇の引き出しとかは？　しまってる方いるんですよね」。まさかそんな……とつぶやきながら向かった仏壇から『あった！』と捜索活動終了を告げる合図が！　一同、ほっと胸をなでおろしました。受け取った介護保険証からは線香の香りが溢れ、後光がさして見えましたとさ。

Episode
8

お隣さんを タクシー代わりに使う おばあちゃん

うめおばあちゃんはおねだり上手

うめおばあちゃんはいつも窓際に座って外の景色を眺めています。一日眺めていてもあきないなんて、さぞや素敵な景色かと思いきや、その窓から見えるのはなぜかお隣さん。そう、うめおばあちゃんはお隣さんが車で出かけるのを待っているのです。毎日、早朝に起きて着替えを済ませ、外出準備は万端！　お隣さんが出かけるタイミングは熟知していますので、絶対逃しません。ほら、隣の家に動きが！　さっと外に出ていき、何気なく「お出かけですか？　私もちょうど出かけようと思っていたところだったんです」と言ってニコっと笑う、これがうめおばあちゃんお得意のおねだり笑顔です。

うめおばあちゃんの策略

お隣さんはというと、この頃では今日もキタなとちょっと嬉しくなるそうです。近所でも有名な元気印のうめおばあちゃん。いつまでも元気でいてほしいというのが地域の人の願いです。

そんなうめおばあちゃんが出かけようとしているのに出てこない。これはまさに事件です。慌てて、お家に行ってみるとうめおばあちゃんから「いつもだと悪くて……」と。「そんなことないですよ。うめさんとのドライブはとても楽しいので是非、一緒に出かけませんか？」つい言ってしまったお隣さん。

自助と互助って大切

うめおばあちゃんにとって、お出かけするということは身なりを整え、用事を作るという役割ができます。また、お隣さんは地域のお年寄りへの支援という役割を果たしています。まさに自助と互助の融合！　地域包括ケアなんて言葉は後づけのようなもので、実は自然とできていることがたくさんありますよね。

周りを見渡せば、ほら、あなたの隣にもうめおばあちゃんの笑顔が。

Episode
9

認定調査時の演技に不満でやり直し

認定調査にかける思い

認定調査は、その内容が要介護認定に影響のある調査なので、認定調査にかける思いは本人・家族を含めてさまざまです。本人や家族にとって、認定調査がまるで就職面接のような雰囲気になっている方もいれば、ここぞとばかりに、思いの丈をぶつけてくる方もおられたりします。そして、一番多いのが、認定結果が自分の願う介護度であってほしいという思いから、元気に見せようとしたり、逆に、支援が必要な状態であることを伝えようとしたりする方です。その姿はまるで俳優のよう。そしてその思いは家族からも……。

その時、家族は映画監督のように……

認定調査でご自宅に訪問すると、緊張した面持ちでAさんと家族が待っていました。「普段の様子を伺いたいので、緊張しないで大丈夫ですよ」と声をかけても、「はい」と返事をしたAさんの表情は変わらず、緊張で張り詰めた雰囲気が漂っています。そして、Aさんの受け答えに、いちいち家族からの不安とプレッシャーの入り混じった視線が注がれます。認定調査が進み、「普段の歩いている様子を見させていただきたいのですがよろしいでしょうか」とお願いすると、Aさんと家族から、いよいよ来たかという緊張したオーラが放たれます。Aさんがおもむろに椅子から立ち上がり、緊張した表情を浮かべながら、椅子からテレビの前のソファに向けてスタスタと歩き始めると、そのとたんに家族から「ダメじゃないか！　練習したとおり、杖を持って、ゆっくりフラフラ歩かないと！」というダメ出しの声が。すると、Aさんが「しまった！」という表情をして、「もう一度やり直してもいい？」と言いながら、慌てて杖を取りに戻ります（笑）。まるでAさんが俳優、家族が映画監督で1シーンの撮影中にカットがかかったような場面でした。

本人や家族の願う介護度への思いが、認定調査という場面での名（迷）演技に表れた一コマでした。

番外編①

どこからともなく
ご近所さんが寄ってくる

張り込みの刑事さん⁉

独り暮らしの高齢者を訪問する際に、必ずといっていいほど遭遇するスーパーご近所さんがいます。その人は、時間帯に関係なく現れます。私の行動をどこかからか見張っているのではないかと疑うほどです。

「あんた、福祉の人かい？」「誰のうちを訪問するんだい？」と少しずつ距離を縮めながら矢継ぎ早に質問を重ねてくるあたり、まるでベテラン刑事のよう。いつだったか、寄ってきたご近所さんが、紙パックの牛乳をチュウチュウ吸いながら、手にはあんパンらしきものをもって話しかけてきたということもありました。えっと刑事ドラマの張り込みですか？　そんな好奇心旺盛な愛すべきご近所さんは、興味津々のキラキラした目で私を見つめます。「また来たよ、あのご近所さん。利用者さんの個人情報は出せないし、でもないがしろにもできないし、まいったなあ」というのが、ニコニコ応対しているケアマネジャーの本音です。

もしもの時のご近所さん力

愛すべきご近所さんの張り込み＆聞き込みの力は、「見守り」と呼ばれる地域の欠かせない力です。とはいえ、少し行き過ぎたところもあって、利用者さんの立場からも「あの人はほら、スピーカーだから」とか「親切とはいえ郵便受けまで覗かれるとね」と、ありがた迷惑気味です。しかしながら先日、ヘルパーが入る時刻に不在だった利用者さんの安否を心配して訪問した際には、「あら、スーパーで会ったわよ」と真っ先に教えていただき助かりました。また、いつも元気な利用者さんが自宅内で転倒・骨折していたのを「新聞が取り込まれてなかったからおかしいなと思って」といち早く異変に気づいてくれたのもご近所さんです。日常の張り込み力はこのような有事に大いに発揮されるのです。今度こっそり、あのご近所さんの家の前にお礼のあんパンでも置いておきますか。きっと置く前に見つかってしまうでしょうけれど！

引用・参考文献

・注1　「介護支援専門員現任研修テキスト第1巻専門研修課程Ⅰ第2版」中央法規出版、2019.

第2章

これって職業病？

Episode
1

プライベートでも相談を受けちゃう

日頃ストレスが溜まりますよね

入院したかと思えばすぐ退院の話が出る老々介護への支援。息子さんへの不満を話し続ける独居女性への対応。そして夜はケアプラン作成。傾聴と共感を重ねながら、心も身体もギリギリの状態で働いた1週間。そして、お待ちかねの日曜日を迎え、日頃のストレス解消のため、マッサージへ。

お店の方に「どうされますか？　着替えられますか？」と尋ねられれば、気合を入れて「はい。お願いします」と答え、時計もブラジャーも何もかもはずして、とことん「ストレスフリ～」な状態になります。

「まずは、うつ伏せからお願いします」と声がかかれば、「はいはい！　よろしくお願いしますよ」と、意気揚々とうつ伏せに。「背中、凝ってますね」と言われれば、「そうなんですよ。もう、仕事がきつくて」と私。指圧師さんの手の平で背中を押さえてもらいながら、次第に心も身体も柔らかくほぐれてきます。

ケアマネの悲しい性

その時、「そういえば、先月、息子さんの受験の話をされていたなあ」といらぬことを思い出してしまうのがケアマネジャーの性。そして、「息子さん、あれからどうしておられます？」などと、聞こうものなら、「そうなんですよ。息子がね、ホントにしょうがなくて」「それに、おばあちゃんがね……」「主人のお姉さんが来て」云々、嬉々として話し出します。やっちまった～と思いながらも、頭の中にエコマップが浮かんでしまうのもケアマネジャーの悲しい性。

「大変ですね～」「そうなんですか」「それで？」

女性指圧師さんは、手と口をずっと動かし続けて90分。

癒されに来たマッサージで、意図しない面接をまた一本、日曜日なのに、「傾聴」「受容」「共感」の三本立て。根っからのケアマネジャーに休日なんてないようです。

Episode 2

プライベートでも ついついアセスメントを してしまう

デマンドとニード

Ａ「それってデマンドでしかないんじゃないかしら。真意は本当にそこ？」。Ｂ「フェルトニーズが表明されたものと捉えることもできるよ」。Ａ「この前の健診で、尿酸値が少し高めだったと指摘されていたから。ノーマティブニーズとの統合を考えていかないと」。Ｂ「だけど、治療レベルには至っていないから、普段の食生活の見直しでは、２杯飲んでいたものを１杯にってことだったでしょ」。Ａ「まあ、それもそうだね。なんと言っても、これは最初の１杯なんだし」。

ＡとＢが白熱の議論を展開しているところに、当事者のＣが戻ってきました。

Ｃ「ごめん、ごめん。職場からの電話終わったよ。レモンサワー、注文しておいてくれた？　え、まだなの？」。そうです、ここは居酒屋。ケアマネジャー仲間とのプライベートな飲み会です。ＡとＢは、いつもは最初の１杯に生ビールを注文するＣが今日に限ってレモンサワーだったことに違和感を感じて議論に至っていたのでした。

同業者の日常会話でアセスメント

三人は、お酒もすすんでいい感じで、職場の上司の愚痴なんかも語り出しました。「うちの職場をシステム理論で理解してみるよ」とおもむろにエコマップを描き出したＢ。「部長は、課長を通り越して、主任にこう指示を出すわけ」。すかさずＣがペンを持ち、関係線を描き出す。Ａ「そうすると、この部署のパワー所持者は、課長ではなく主任なんだね」。Ｂ「そうそう、そこで悪循環のパターンが生まれるわけ」Ｃ「課長には、相談できる相手はいるの？」。もう一度、言います。ここは居酒屋、ケアマネジャー同士のプライベートな飲み会です。同業者の日常会話でアセスメントしてしまう私たち。家族や他の友人との間では気をつけているのですが、ついつい用語が通じ合う仲間同士で起きてしまう現象なのでした。

Episode
3

書かずにはいられないジェノグラム

ジェノグラムも家系図も芸術品

それはお寺の住職の90歳のお母さまのケアプランを担当することになった時の話です。

さて、とある訪問日。ワクワクしながら庫裡へと向かう私。一体何にワクワクしてるか？　お寺さんの住職をめぐる家族の広がりはまさに芸術的なんです。

突然の告白ですが、私は、ものごとを理解する３パターンのうち、イラストや図にしてイメージで理解する視覚型人間。ええ、ジェノグラムが大好きなんです。ちなみに他の二つは、言葉から論理的に理解する聴覚型、実感とか直感とかで感じる体感覚型です。

ともあれ、視覚型の私。親族関係を聞きはじめると、いてもたってても画かずにはいられないのです。画き直し自在の消せるフリクションペンでＢ４版のスケッチブックにせっせと画いていきます。出来上がった10数代にわたるお寺の複雑怪奇なジェノグラムは、そうか〜こうして継承されてきたのか、とほれぼれするほど。

脈々とつながるまさに家系図、芸術品だと感動していると、私の画いたジェノグラムを見たお母さまが「あんたはそれが画きたかったんか？」と言うとおもむろに立ち上がり、奥座敷へ。そうして引っ張り出してこられたのが……まさに掛け軸になった正真正銘の家系図でした。「ほれ。みてみんさい」なるほど、それは完璧なジェノグラム。恐れ入りました。

ケースの数だけジェノグラムがある

３００軒ほどある檀家の家族情報はすべて把握しているというお母さま。戦争のさなかそれぞれの家同士の兄と姉、弟と妹で結婚したり、親同士の約束があるからと従妹同士で結婚したり、嫁いだ先で夫と離婚してその弟と再婚したり、昔の家族は、ある意味とても自由でした。これほど濃ゆい家族の歴史を知っているお母さまはまさに生き字引。そんな私のスケッチブックにもすでに３００以上のジェノグラムが……。私もそこそこ生き字引かしら。

Episode
4

白衣を見ると
ドキドキが止まらない

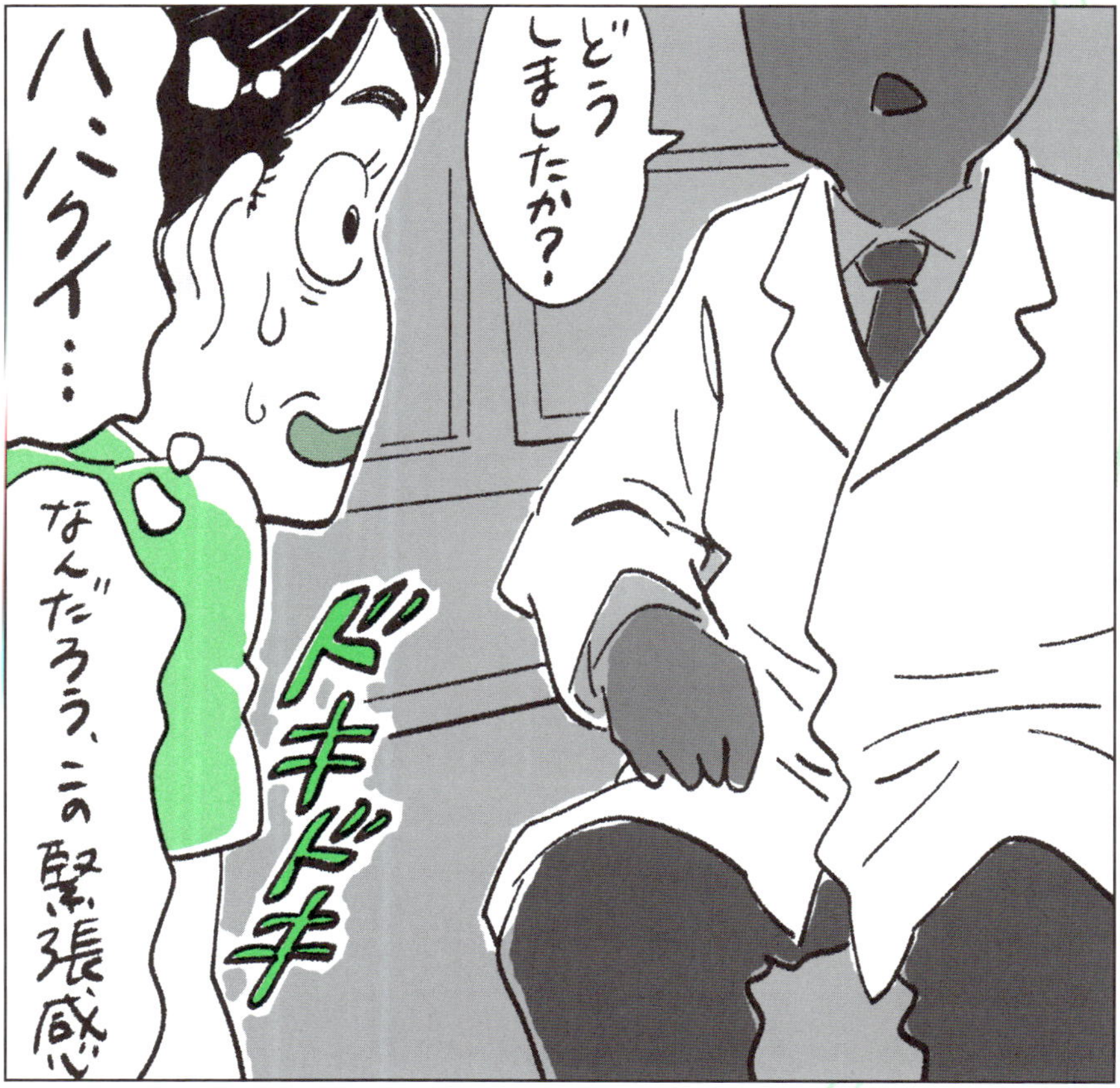

制服姿にドキドキ

制服のある職業はさまざまありますが、ある種の制服姿にドキドキしてしまうことはありませんか？　コスプレ、制服フェチなんて言葉があるくらいですから、制服にドキドキしちゃうのは日本の文化なのでしょう。でも、ちょっと違うドキドキもありますね。例えば、警察官。なぜか巡回中のお巡りさんの姿を見ると、別に悪いことはしてないのに、ドキドキしてしまいます。その昔、運転免許取りたての時に一時停止違反で捕まったことがトラウマになっているのかも。

そして、私たちケアマネジャーとは切っても切れない仲であるドクターの白衣姿！

利用者さんと同行した際に「誰だお前は」と睨まれて、しどろもどろになったことや、うっかり認知症を「ニンチ」と言ってしまった瞬間に叱責されたこと、連携場面での数々の失敗が積み重なった結果、白衣を見たら条件反射的にドキドキしちゃいます。

これ、普通の患者さんだったら白衣高血圧って呼ぶんでしょうけど、私たちの場合は、職業病的不整脈ってとこかしら。

白衣じゃない！

さて、今日は自分の健康診断でかかりつけの病院へ。白衣を見る前からなんだかそわそわ。自分の診察なのに怒られることを想定しちゃう重病な私。

「Aさーん」と看護師さんに呼ばれて診察室に入って拍子抜け。先生、白衣じゃないじゃん。最近は、白衣を着ない先生も多いとのこと。心なしか、笑顔に見えるし。これならドキドキしないわね。

そしたら、先生、私の健診もそこそこに、入院している（私が担当の）Bさんのことをあれこれ質問。私は私でこの機会にいろいろ話しておこうとBさんの退院後のことまで話出す始末。「あれ、私、何しに来たんだっけ？　まぁいいか」。健診項目に職業病ってあったとしたら、私も先生もかなりの重病だわね。

Episode 5

一人で歩いている高齢者を見ると声をかけたくなる

ナンパじゃありません！

普段はどちらかというと人見知りなほうなのです。自分から人に話しかけるよりは、モジモジと他人から話しかけられることを待つ質で。ましてや、知らない人になんて、声なんてかけたりしない私なのです。信じてください。刑事さん（？）

この職業に就いてから、自分が変わったなと思うことの一つに、一人で歩いている高齢者を見ると、ついつい気になってしまうという現象があります。声をかけたくなってウズウズしてしまうし、時には、実際に声をかけてしまったこともあります。たまたまその様子を見かけた同僚から、「また、高齢者の人、ナンパしてたの見かけたよー」と笑われることがありますが、断じてナンパなんかではないのです。

ある日の仕事帰りの出会い

ある日の仕事帰りのこと、とある病院の前のベンチに、おじいさんが一人座っていました。すると、ケアマネジャーの職業アンテナが鬼太郎のようにピンと立ち上がって、その場を通り過ぎることができなくなりました。思わず赤信号でUターンして、病院の駐車場に入ります。急ぎ足でベンチにかけつけると、あのおじいさんが、まだ座っています。さすがにすぐに声をかけることは躊躇して、少し離れたところから様子を観察します。ぼーっと所在なげに、何か考え事をしている表情です。道に迷ったのだろうか、家に帰れない事情があるのだろうか、ケアマネジャーとしての思考が働きます。恐る恐る近づいていくと、身なりはしっかりされていて、尿臭などもなく、入浴できてないという感じはなさそうです。とうとう至近距離に入り、「おじいさん……。」と緊張でかすれた声を出したその時、「院長、お待たせしました。お車のご用意ができました」と、その病院の事務員らしき人が登場！　そうです。この方は、この病院の院長先生でいらしたのでした。いやぁ、声をかけ損ねて良かったです。

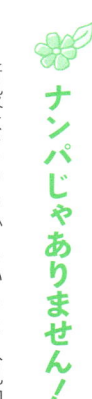

Episode
6

もしかしてと ついつい立ち止まる 葬儀場前

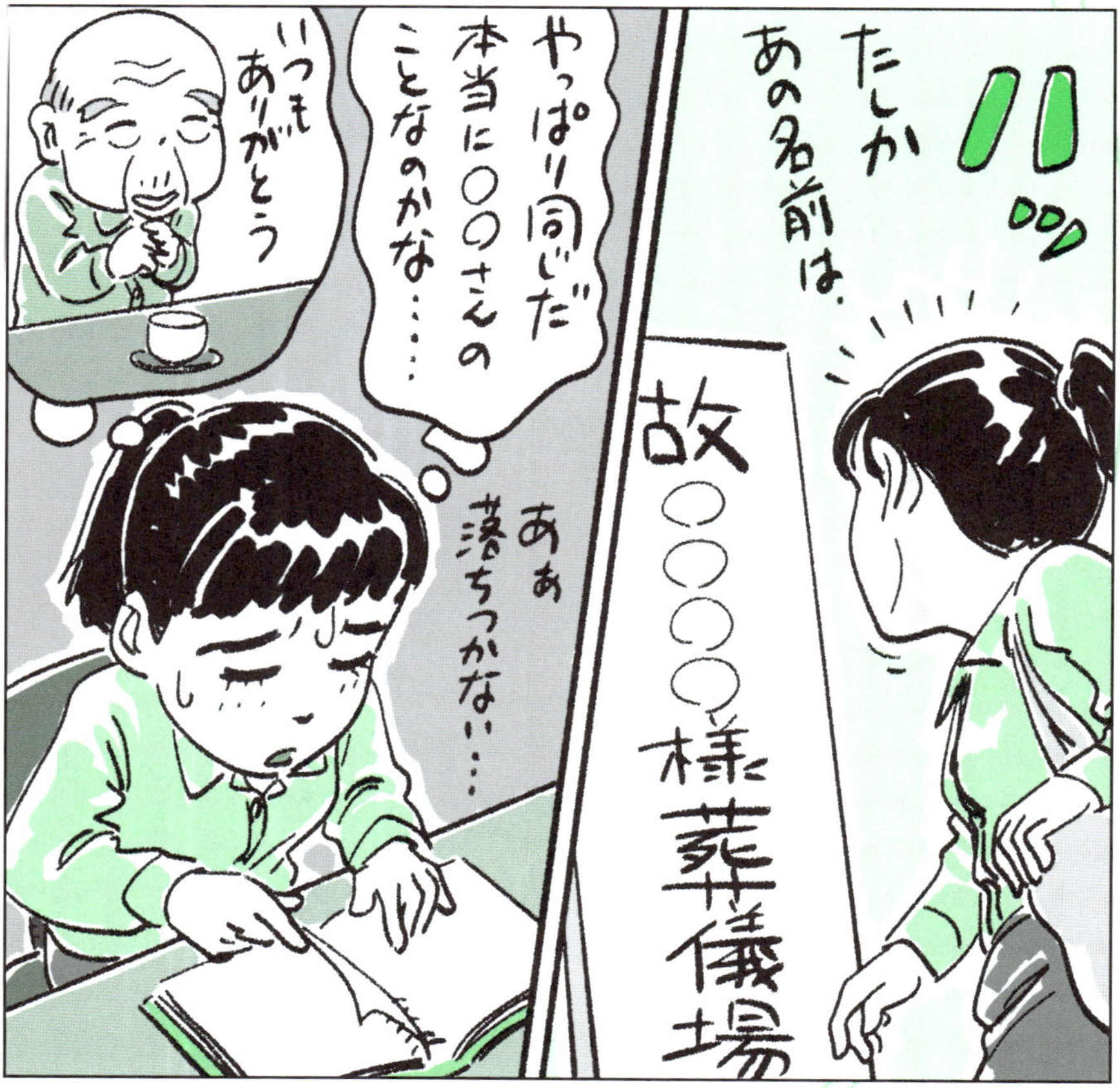

故〇〇様葬儀会場

訪問中、市内の葬儀場の前を通りかかります。公的な斎場であっても民間の葬儀で「故〇〇様葬儀会場」と大きく掲示されているのを最近良く見かけます。通夜や葬儀へ会葬される、故人の親族や知人に対する案内のために行なわれているようです。

見たことある名前が……

担当していた利用者さんとは、その方の入院でかかわりがなくなり、そのまま契約が切れてしまうことが多くあります。また特別養護老人ホーム等に入所し、担当でなくなり疎遠となることも少なくありません。

ある日葬儀場の前を通過したら、以前担当していた方の名前らしき文字が。「ん？　あれは確か……」。事業所に戻り、以前のケースファイルを確認すると、やっぱり以前に担当した利用者さんのお名前でした。同姓同名かもしれないけれど、あの利用者さん本人かも。契約が切れているためかかわりがなく確認しようにも、「亡くなられましたか」と電話して聞くのも変だし、葬儀場に行って確認するのもどうかなぁと躊躇。個人情報保護のご時世ですから、どうしようかと悩んでしまいます。

その後も、葬儀場の前を通るたびに、掲示が気になって、全く知らない名前だったらホッとしたり。似たような名前だったら担当していた方かもと、確認したりしてしまいます。そのたびに在りし日の利用者さんを想い出しては、落ち込んだりして。

ああ、Aさん、「いつもありがとう」ってよく言ってくださったっけなぁ、なむあみだ……。なんて感傷に浸ってたら、後日、そのAさんとバッタリ遭遇。「Aさん、化けて出たか！」ありゃ、足もあるなぁ。しかも、ピンピンしてるじゃありませんか！　勝手に死んだことにしちゃってた自分が恥ずかしくて、顔を真っ赤にしながら、Aさんを前にしどろもどろ。

でも、お元気でホントに良かった！

Episode
7

名前は出ずとも あれ、これ、それで通じ合う

私のケアマネは話がわかる！

自分のケアマネジャーが誰だかあいまいな利用者さんって案外といます。通院先で聞かれても利用しているサービス事業所の名前は出てくるのに、肝心のケアマネジャーの名前が出ない人もいます。その一方で、「あれ、これ、それ」と三つの言葉を使いこなしながら会話が展開できるくらい本人とケアマネの意思の疎通が完璧なケースもあります。傍から見て聞いていると不思議な光景ではありますが。

以心伝心

いつものようにAさんのお宅に訪問すると「今日、あれだよね？　あれ」とAさんからの問いかけが始まりました。私は「そう、あれですよ」と答えると、「そうそうあれだよね」と特に迷う事なく、Aさんも返答し、２人にしかわからない会話が始まります。近くで聞いていた家族から「あれって何？」とAさんに尋ねると「あれって、ほら〜、今日はみんなで集まっていろいろ決めごとをする日だよね」「そうですよ、今日はサービス担当者会議の日ですね」とAさんと私の会話の内容が見えてきました。ようやく、家族は２人が何を話していたのか理解する瞬間です。また、「ところで、これなんだけど」「あ〜これですね」「これはこれでいいの？」「はい。それでいいです」とまたまた、２人にしかわからない会話が始まりました。「で、これって何？」と家族が２人に聞きます。「届いた介護保険証はしまってもいいの？　ということを伝えたの」とAさんが説明してくれます。Aさんはなかなか言葉が出ないのではなく、私とは「あれ、これ、それ」の会話でお互いが通じ合えるということを知っているからできる会話なのです。

まさに以心伝心。あ・うんの呼吸ではありますが、私としては、そろそろ名前を覚えてほしいなぁという気持ちがなきにしもあらず。顔は覚えてもらったのだから、次こそ名前で呼んでもらわなくちゃ！

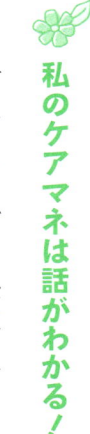

Episode
8

ついつい生活歴を
聴いてしまう

ケアマネスイッチオン！

地元で有名なステーキ屋さんに数名の女性ケアマネで訪れました。目の前の鉄板で、シェフみずからお肉を焼き上げてくれるスタイルのお店です。シェフの鮮やかな手つきとともに、私たちの緊張と期待も高まっていきます。

その時、Aが「このお肉は、どちらの牧場のお肉ですか？」と、興味本位で尋ねました。「●●牧場ですよ」と答えるシェフ。続いてBが「柔らかそうなお肉ですね」と言うと「そうです。まだ2歳半ですから。子どもを産んでいない牝牛だけを使っていますので」と自慢気に答えるシェフ。一同固唾を飲む空気が。

ここから、『ケアマネスイッチ』が完全にオン。「良いお肉とは何か？」の情報収集と分析から「どんな場所で」「何を食べて」「どんな風に遊んで」……と次々に子牛の生活歴を聞いてしまいました。

シェフの話では、子牛（女の子）の肉は、わずかなストレスでも硬くなってしまうとのこと。そのため、出産はもちろんダメ。昼間は放牧し、柔らかい草を沢山食べ、夜は牛舎でゆっくりお休みを。仲の悪い子同士がお隣になると、これまたストレスになるので、牛舎では、仲の良い子同士をお隣にするのだそうです。そして、子牛たちの様子をみながら音楽もかけます。

「ふーん」一同納得……。

何にでも感情移入

なんとも手間暇かけて、愛情を注ぎ育て上げられた子牛たちに、すっかり感情移入してしまった私たち。シェフが焼き立てのお肉を切り分け、一人ひとりのお皿に盛りつけてもらう頃には、まだ2歳の子牛が、元気に牧場を駆け回る姿や、牛舎で仲良くすやすやと眠る姿が浮かび、お腹の前に胸がいっぱいになってしまいました。ところでステーキはどうなったかって？

そりゃあもちろんおいしく完食しましたとさ（合掌）

チーン。

Episode
9

する側・される側・私はどっち側？

利用者さんと担当ケアマネの関係

利用者さんと担当ケアマネは、一緒に生活課題に取り組む対等な関係のはずですが、その関係には、援助する側・される側という構図があるため、ややもするとパターナリズムに陥りがちです。だからこそ常に振り返りの必要性が示唆されています。主体は利用者さんであり、担当ケアマネジャーは注意深く、その関係性に目を向けていくことが大切です。

包括と居宅ケアマネの関係

この構図……そこの地域包括支援センターさんも気をつけてくださいね。居宅介護支援事業所同士の集まりに潜入すると、こんな声が少なからずありますから。「本当はね、予防プランは受けたくないっていうのが本音なんだよね。手間はかかるけど、安いでしょ。だけどさあ、包括を敵に回すと、利用者さんを回してもらえなくなるんじゃないかって怖くってね」「ああ、それわかる。それにさ、包括主催の勉強会とかネットワーク会議って、面倒で行きたくないんだけどね。業務だけで手一杯だし」。元を正せば、予防プランの単価が安すぎること、ケアマネジャーの業務量の多さという根本的な問題にもたどり着いちゃうのですけれどね。

居宅ケアマネと介護事業所の関係

さらに言えば、居宅介護支援事業所のケアマネも要注意です。利用者・家族や包括の前では、普段はとっても腰の低いケアマネが、介護事業所の前では、人が変わったかのように、横柄な態度を取る場面に遭遇することってあるんですよ。しかも、これ、ケアマネの方は、無意識でやっているみたいです。ここにも、サービスを調整する側、される側という構図が。介護保険では、する側・される側の構図がどうしてもできてしまいます。まずは、胸に手を当てて、意識することで、対等なチーム作りをしていきたいものですね。

Episode
10

憧れのファシリテーター！気づけば、私はシキリテーター？

パシリテーター？　ファシリテーター？

トラウマ級に苦手だった会議の司会進行役。胃薬も手放せず、心臓が爆発寸前にドキドキ。話が途絶えてしーんとしたらどうしよう、会議が脱線して収拾がつかなくなったらどうしよう。で、結局何も言えなくなって、資料を取りに行くだけの雑用係に。これじゃ、ファシリならぬパシリテーターじゃん。

当時出会った、研修会のファシリテーターのかっこいいこと。話し合いの場作りから始まり、適格な言葉かけや聞き方に話の引き出し方、合意形成にいたる論点整理の進め方、ホワイトボードの記録の仕方まで、すべてにソツがなく、憧れてしまいます。あんなふうになりたいと決意して、一生懸命ファシリテーションスキルの学びを重ねました。

シキリテーター？　ファシリテーター？

甲斐あってか、次第に司会進行役も上達し、今ではソツなくこなせるようになりました。手応えを感じると、俄然、楽しくなってきます。どんな会議もスムーズにしたい気持ちが芽生え、ＰＴＡでも町内会でも家族の相談ごとでもファシリ役を買って出るように。

「○○さんはどう思いますか？」「ここまで～～についてはは決まっていますが、～～についてはまだですよね」「結論、どうしますか？」などと、日頃の担当者会議よろしく、速やかに結論へと導きます。ああ、快感！　でも「あっという間に決まるわあ！」と喜ばれたのは初めのうちだけ。次第に誰も意見を言わなくなってしまいました……。専門職同士の会議ならいざしらず、結論ばかり求めすぎて、空気が読めてなかったみたい。これじゃあ、参加者の口を封じちゃう、ただの「ターミネーター」じゃん（抹殺者？）。いや、違うか、雰囲気ぶちこわしの仕切り屋さん「シキリテーター」だわね。

うーん、憧れの「ファシリテーター」になるには、まだまだ道半ばなのでした。

Episode
11

私は生涯
ケアマネジャー

プライド高き高齢ドライバー

タクシードライバーの平均年齢はとっても高くて、私の住む県では60歳を超えてます。だからお爺ちゃんドライバーも当たり前。そんなお爺ちゃんドライバーが、配車アプリ「uber」も使いこなしている姿に出会うとなんだか愛おしくなります。

「タブレットを使いこなして、すごいですね！」と声をかけ、「運転手さん、おいくつですか？」と年齢や職歴を聴取。年齢が予想以上に高いと「ご家族からそろそろ危ないなんて言われません？」とか「何歳くらいまで乗りたいですか？」などと余計なことまで聞いてしまうのですが、そこはベテランの矜持で「仕事しているほうが老化防止、認知症予防になるもんだよ」とお爺ちゃんドライバーの自信に満ちた一言に納得！

命あるかぎり！

お爺ちゃんドライバーの話を聞きながら、ふと私もこの先、ずっとケアマネをやっているんだろうか？と自分の将来を重ねます。70歳をすぎた私を「あなたは利用者さんですよね？　えっケアマネなの？」と驚かれるくらいの「お婆ちゃんケアマネ」とか「仙人ケアマネ」になっちゃうのかしら？　なんて想像して思わずニヤニヤ。耳が遠くなると、研修のグループワークは無理かしら。老々介護じゃなくって、老々ケアマネジメントって言葉が流行っちゃうかもね。

その時ふと、お爺ちゃんドライバーが言いました。「これといった趣味はないんじゃが、まあ運転が好きなんよ」……そうか、好きを仕事にするのはいいなあ、幸せだろうな。「じゃけぇ、このまま運転中に、ハンドル握ったまま死ねたら本望って」

とその瞬間「おう！　ここ曲がるんじゃった」と急ハンドル。ちょ、ちょっと！　今はやめてよ！　冷たい汗をかきながら、「どうかずっと安全運転でいてくださいね」と苦笑い。この運転手さんみたいに、私も生涯ケアマネを目指してみようかな！　命あるかぎり！

番外編②

先生と呼ばれる人たち

なぜだか多い「先生」業

「それでは、こちらにお名前をいただいてもよろしいでしょうか」。初めての介護認定の申請手続きに来られたAさんにかけた言葉です。その途端、これまで淑女のごとく微笑んでいたAさんの表情が曇り、大きな声でまくし立てます。「それを過剰敬語っていうのよ。今の若い人は日本語がなってないわ。名前を書いてくださいで十分なのよ。なんなの。そのいただいてもよろしいでしょうかって」。横で付き添いで来ていた息子さんが申し訳無さそうな表情で、「すみません。母は、国語の教師だったもので。こういうところがあって」。ああ、なるほど、先生でしたか、と妙に納得して襟を正すのでした。生活歴では職業の聴き取りは欠かせません。なぜなら、長年身についた職業からくるこだわりやクセって案外あるんですよね。特に「先生」業の皆さんには、いろいろと地雷のようなものがあると思われます。

「先生」たちから教えていただくもの

特に、先生業だった方に認知症状が出現した時、本人も周囲も戸惑うことが多いように思います。MCI段階のちょっとしたもの忘れでも自分で自分が許せないということも少なくありません。そのためか長谷川式スケールで言うと、まだ合格ラインの20点台からなぜか、問題となることが多いのも特徴。ひょっとして、現役の頃だったら50点か60点あったんじゃないですか？（嘘です。長谷川式は30点満点ですね）。

要介護5で日常の意思疎通もままならない元看護学校の先生が入院された際、ナース服を見て突然「あなた、どこの看護学校を出たの？」と怒鳴った時には驚きました。看取り支援をした元ケースワーカーさんには、「今の医療が言う自己決定は、自己責任の押し売りよ」とぴしゃりと言われました。認知症になっても先生たちは、今でも私たちにたくさんのことを教えてくださいます。

番外編③

夜の包活

（地域包括支援センター活動の略）

包括の情報収集力

包括の業務は、まるで雑貨屋さんのように多岐に渡ります。午前は公民館の介護予防教室に出かけ、午後からは虐待の相談。多職種や地域住民と一緒に地域ケア会議を実施し、医療と介護の連携作りにも奔走します。そんな毎日を通じて、やたら知り合いが増えていきます。例えば、施設の介護士さんや、かわいい訪問看護師さん、真面目なケアマネジャーさんに熱心な福祉用具専門相談員さんなど、出会いの場には事欠きません。

たわいない会話から「まだ独身?」「彼女いる?」などと、個人情報をストックするのも地域包括ケアシステム構築に向けた重要な取り組みの一つです。

うちの包括では、この情報収集力を活かして、日中に地域ケア会議を企画するのと同様、夜は〝合コン〟や〝お見合い〟を企画しています。この場作りには、日中の『地域ケア会議』さながら、参集者や場所を吟味し、成功率を上げるよう頑張っています。

夜の包活まっさかり

例えば、市内在住のお二人が初めて出会う時は、ちょっと遠方の市外の居酒屋さんまで足をのばして周囲に気を使わなくてもよい場作りを。また、おとなしいお二人の場合は、場がしらけないよう、にぎやかしの助っ人を呼んで気軽な雰囲気を作る、など。

こんな夜の包活には、次第に力が入り、どんどん情報がストックされ、施設入所なみの〝待ち〟も出ている状況です。さらには、関係機関から「重要案件です。お願いします」と身上書を預かるほど、地域からの期待も厚いのですが……。

しかし、この10年。

日中に本業で行う地域ケア会議の取り組みが有名になり、地域の支援困難事例へのかかわりが格段に充実しているにもかかわらず、夜の包活成功事例は、まだ、1事例もありません。なんでだろう?

金沢編

半紙に乗ったお菓子が攻めてくる!

お昼休みはお菓子フェア

それぞれが訪問先から戻ってきて、お弁当タイムになると……金沢あるあるの光景が繰り広げられます。みんなそれぞれに半紙に包んだお菓子を机の上に出し始めます。「100歳のAさんにいただいた最中、食べると長生きできるよ」「Bさんの東京の息子さんのおみやげ。1時間並んで買ったとか」。簡単には手に入らないような老舗のお菓子が並ぶのです。

訪問はお菓子を巡る戦い？

ケアマネのお仕事は家庭訪問。そのご家庭に住む金沢人は、ケアマネが来ても簡単には本題に入らせてくれません。まずは、お茶のご用意から始まります。お茶に添えるお菓子は、二つ折りにした半紙2枚に載せて、銘々盆（一人分のお菓子を載せる小さな器）で出します。しかも、必ずといっていいほどお菓子は2個でドンと並ぶのです。人によっては、食べるまでモニタリングもさせてくれませんし、戴いては帰れないと言っても玄関の外まで追いかけてくる始末。普段、2メートルを歩くのがやっとの方でも、お菓子を前にすると、どこからかすごいパワーが湧いてくるようです。杖を忘れてお菓子を片手に追いかけてくる姿にはもはや恐怖すら感じます……。

理由は、金沢人気質にあり

どうやら三つの金沢人気質が根底にあるのかもしれません。一つめは、金沢人は茶道・華道を大事にすること。石川県は、習いごとランキングでも茶道・華道が上位です。二つめは、金沢人は、人のお世話になるのが苦手。ケアマネが来て相談する＝お世話になることですから、自分もお菓子を出して、客人のお世話をすることで、「これで帳消しでしょ」といった具合でしょうか。三つめは、金沢人は、単にお菓子が大好き（笑）。チョコもアイスも消費量は全国トップクラス！

そんな愛すべき金沢人のお菓子を巡るあるあるでした。

京都人のウラオモテ？ いいえ奥ゆかしさです。

京都人に警戒する大阪人

生まれも育ちも大阪の私ですが、今は京都府と滋賀県の県境の京都市山科区で勤務しています。京都に勤務が決まった時、口を揃えて受けたアドバイスは「京都の人は本音と建前があるから言葉の奥を捉えなあかん」でした。「そんなん、どうやってわかるの!?」と言うと友人は一言「感じるんや」と…。ヨーダ？

京都人の心遣いは、奥ゆかしい

いざ、京都での初回訪問。警戒する大阪人を見透かすような心遣いの連続。まず、訪問すると扉が3センチ程度あいており、「歓迎」の思いを感じました。アセスメント場面では、出生地を質問するとすかさず「Yさんはどちらの方?」と切り返され、「大阪です」と返すと「そう。私は（京都の）御所のほうです」と誇らしく答えられました。さらに私が「買い物はどちらへ?」と質問すると「市内までタクシーで行きます」。「市内って、山科も京都市内ですよね?」と聞くと「Yさん、山科から東山はどちらに見えます?」と逆質問。「えっ、に、西側です」と慌てて答えると、「そうです。東山やのに西に見えます。中心がどこかっていうことやね。京都独特の価値観かもね」と微笑まれました。繊細な価値観です。

すっかり京都人の奥ゆかしさにまいった私。ウラ・オモテがあるんじゃなくて奥ゆかしいのだ。このお宅で出していただいたお茶に手をつけずにいると、「冷めたでしょ。換えるわね」と再びお茶が出ました。

そして、帰る頃、端に寄せていた私の靴はいつの間にか玄関中央に。しかも、左右の靴の間に3センチほど間をあけて履きやすいように揃えてくださっていました。最後には「Yさん。バイク、気をつけな、あかんえ」とお見送りまで。完敗です。

確かに京都人の繊細な価値観は、時に言葉の奥を感じ取らないといけないこともありますが、この奥ゆかしさは素敵だなぁといつも敬服しています。

第3章

ケアマネはつらいよ

Episode
1

飲みに行っても、いまいち落ち着けない……

飲み会は楽しいもの

忘年会、新年会シーズンだけでなく、ケアマネ同士、事業所法人内で「飲みにケーション」を取ることもありますよね。単に息抜きではなく、他事業所のケアマネ同士や、他の職種との交流会だったり、法人の垣根を超えた交流の機会もあって、とにかく飲み会は楽しいですよね！

ケアマネはお酒飲んじゃダメなの？

そんな飲み会の最中、利用者さんの家族にばったり出会ってしまったなんて経験、皆さんはないですか？僕にはあります。忘れもしません。とある利用者さん家族に「あら、○○さん」と声をかけられ、その時はそんなに酔っていないつもりでしたが、とっさの出会いになぜか、しどろもどろに。おまけにその翌週、新人のケアマネの歓迎会を違う居酒屋で開催したのですが、またもやその利用者さん家族と出会って。「あー、また会いましたね」とまるで僕が毎晩飲み歩いているような印象を与えてしまったようです。次の訪問の時、「お酒はよく飲むのか」とか、「お酒の種類は何が好きか」とか。「かなり酔っ払ってましたよね」などと言われる始末で、終始その話で訪問終了。

遭遇恐怖症で労災認定？

これがトラウマになったのか、他の場所でも家族の目が気になるように。訪問帰りのコンビニで出会えば「奥さんにお弁当を作ってもらえない可哀そうな旦那」って思われるんじゃないか、休日のスーパーで出会おうものなら「奥さんと一緒じゃない。まさか……」と夫婦不仲説をささやかれるんじゃないか、などなど被害妄想が膨らむようになってしまいました。どこへ行ってもキョロキョロと家族の目から逃れようとする始末。もはやビョーキです。

こうなったらもう、利用者家族遭遇恐怖症って病気で労災を希望します！

Episode
2

金曜日の夕方と月曜日の朝は電話の嵐がやってくる

空白のスケジュールの理由

月末にもなるとぎっしり文字で埋まるのは、各々のケアマネジャーが書き込む事業所内の予定表ボード。その中で、一際目につく空白の曜日と時間帯があります。それが、月曜日の朝と、金曜日の夕方。他の事業所に聞くと、「うちもそうだよ。カーペンターズの歌詞みたいだね」「いやいや、金妻でしょ。土曜の夜と日曜の～♪」「もう一声、決戦は金曜日～♪」と思わず年代がバレる会話をいただきました（笑）。そう、どうやら世間一般の相談機関に、いわゆる「駆け込み相談」がやってくる時間帯なのです。金曜日は、官公庁や病院がお休みになる週末に向けて不安になる利用者さんが多くなるのでしょうね。月曜日は、週末にぐっとがまんした相談が吹き出てくるようです。

恐怖の 12:30 のコール

スケジュール帳には表れないけれど、うちの事業所で起こるもう一つの怪奇現象？　があります。お昼の12:30 になると、なぜか事業所の電話が鳴り出してやまないのです。キャー（女性の悲鳴の効果音）。

その原因を探るべく、午前中の事業所内の様子をご紹介します。私たちが朝の申し送りを終えて訪問に出かけて行ったその後、事業所に残った職員たちが、かかってきた電話を取り次ぎます。「○○は、訪問に出ておりまして、戻りがお昼の 12:30 頃になるかと思います」。そうです、原因はここです。12:00 を過ぎての訪問はさすがに失礼かとケアマネジャーたちが居宅を後にして事業所に戻る時間が 12:30。ここに照準を合わせたコールが集中するというわけです。

ちなみに、私の場合のあるあるを足しますと、普段のランチはささっと食べられるおにぎりやお弁当を食べる私ですが、たまに無性にインスタントラーメンが食べたくなってお湯を注ぎます。するとなぜか、その瞬間、コールの嵐。その後、私のラーメンがどうなるかはご想像にお任せします。

Episode
3

苦手な利用者さんの訪問はいつも後回し

今月も最後になってしまった

人間だもの。ケアマネの皆さん、ここだけの話、なんとなく苦手な利用者さんっていませんか？　しかも苦手な利用者さんの訪問は、ついつい後回しになってしまうということってありますよね。「これじゃいけない！　来月こそは、最初に訪問しよう」って思っているケアマネジャーもいると思います。でも、やっぱり最後の方に……。

「なんとなく」ではなくて、この苦手な理由についても実はわかっているはずなんです。でも、それをどう克服すればよいかがわからなかったり、どう接していいのか悩んだりしているんだと思います。

利用者さんを肯定的に捉えてみよう

利用者のＡさんは必ずプランの印を押す前に２時間は介護保険制度についての持論を語ります。例えば、「介護保険料払って、利用料払って、損ばっかりしていないか？」など、言われても困ってしまうことを軽く２時間はまくし立てるのです。時には半日コースということもざらです。介護保険制度の事を誤解している利用者さんや家族が多いので、きちんと理解してもらうために私たちが頑張らないといけないのですが、毎回、同じことを言われ続けると、なんとなく苦手意識が芽生えてきます。

そこで視点を変えて、なぜ、Ａさんは長時間話すのか、考えてみました。仮説ですが、Ａさんはきっと、ケアマネジャーと話をしたいと思ってくれているのかもしれません。独り暮らしなので、普段、誰とも話さない時間が多く、ケアマネジャーが来ることを心待ちにしているのかも。それを素直に言えないＡさんは照れ屋さんなのかな？　こんなふうにＡさんのことを捉えてみると苦手意識はどっかに飛んでしまいました。

それにしても、行けば必ず長時間話す利用者さん。苦手意識がなくても２時間も話を聞くのはもはや修業。さて今日も元気に徳を積んできますか。

Episode
4

雨が降ろうが雪が降ろうが利用者さんは待っている！

雨ニモマケズ雪ニモマケズ

毎月の訪問、たとえ外が雨だろうと雪だろうと、利用者さんが待っていると思えば今日も訪問に出かける私たち。特に独居の方は、台風の日や大雪の日には不安を感じながら過ごしています。その気持ちがわかるだけに、その顔が浮かぶだけに、いざ、訪問へ！

神さま、仏さま、てるてる坊主さま

明日はAさん宅に訪問予定だったけれど、天気予報では大荒れとのこと。行く？　行かない？　どうする私？　でも…待ってるはずだから、やっぱり行かなくちゃ！　あ、でも一応Aさんに電話してみよう。別の日でもいいって言ってくれるかもしれないしね。あわよくば大荒れの日の訪問は避けたいな～なんて念じつつAさんに電話をかけると……。「Aさん、明日の訪問ですけど、明日、天気が大荒れになるみたいなんです。さっき、ニュースでやってました」と伝えてみました。Aさん「ニュースでやってた？　天気が悪くなるの？　明日、来ると思っていたから市役所から来た書類見てもらおうかな～って思っていたのに……」こう言われてしまっては万事休す。こうなったらもう、予報がはずれることを神に祈るしかありません。

まさかの一言！

神頼みもむなしく、外は大荒れ。運転して行くのが不安になるほどでしたが、「見てもらいたい書類があるって言っていたし、独り暮らしのAさんのことも心配だし、行かなくちゃ」と強行出陣。やっとの思いで訪問し、玄関先でずぶ濡れの服を拭いていたら、Aさんが「今日はこんな大雨だから、無理しなくてもよかったのに……」と。「そりゃないよ～」と泣きそうになるところへ「でも、こんな日でも来てくれるケアマネさんでよかったぁ」笑顔のAさんを見て訪問してよかったと今度は嬉しくて泣きそうになるのでした。この笑顔のために雨ニモ風ニモ負けてられないのです。

Episode
5

いつまでたっても正座は慣れません

正座は得意ですか？

ケアマネの職業病の一つに正座による足のシビレが挙げられるのではないでしょうか。都会だと椅子に座って面談することが多いのかもしれませんが、田舎だと和室に通される率は高いです。正座が得意な人はいいのですが、不得意な私は、正座と聞いただけでシビレてきます……。

足のシビレは体重の重みと面談の重みに比例します

初めての訪問。最初の面談が少し長くなることは覚悟の上ですが、問題はこのお宅での面談が洋室か和室か、です。利用者さんの雰囲気から勝手に洋室（椅子）なんじゃないかなと希望的観測を胸に玄関を開けた瞬間、待ってましたとばかりに正座でのお出迎え。この瞬間、私も正座が確定的。

「楽にしてください」「足を崩して」などの言葉かけもなく見事に正座をする利用者さんの前で私もビシッと正座で面談を開始。利用者さんの語りは、まさにこれまでの生きざまそのもの。話が長くなるのは当たり前です。大事なアセスメントですから真剣に聴き取ります。

そして、十分にお話を伺い、そろそろお暇を、という段階で問題が勃発します。立ち上がろうにも足の感覚がマヒして立てません。反して、利用者さんも家族もスッと立ち上がり、見送る体制が整っています。なんの立ち上がってしまえば何とかなるはずと思い、立ちがった瞬間、目の前にはさっきまで座っていた畳が。すぐに利用者さん、家族が駆け寄り、手を貸して起こしてくれました。私が支えるはずの利用者さん、家族の肩を借りて逆に支えらえるとは……これいかに。「足、楽にしてくれても良かったのに～」と笑いながら肩を貸してくれた利用者さん。早く言ってよ～と思いつつ、足のシビレに体重と面談の重みを実感するのでした。

Episode
6

ベテランは
スーパーマンのように
期待されてしまう

早く一人前になりたくて

ケアマネになって3年。ある程度ケアマネの仕事にも慣れ、いろんな相談にも一人で対応できるようになってきました。自分なりに頑張って、経験を積んで、強くなってきたような自負もあります。皆さんにもあるでしょう。一人前になりたい、そう思って3歩進んで2歩下がるような、そうして鍛えてきた日々が。

ベテラン扱いされたい訳ではないけれど

ある日、新規の家族相談が入ってきました。あなたは「この仕事何年目なの？」と聞かれ、とっさに、4年目になりますと答えると、「そう、良かった」と安堵の声。理由を聞いてみると、以前の担当ケアマネが新人だったらしく、気は利かないし、どうにもならなかったとのこと。あなたは経験があるから安心よね？そうですとも言えず、いきなりハードルを上げられた気持ちに……。一人前になりたいとあれだけ思っていたのに、いざとなると急に不安になりました。

ベテランだってできない事だらけ

そして、いきなり「母は認知症で大変だからデイサービスをたくさん使えるようにして」と先制パンチ。インテークやアセスメントもそこそこで、まさかの展開です。以前に通所サービスを利用していたが、なかなか行きたがらなかったようで、介護者である娘さんからは、そんな母の気持ちを変えるように説得してとのこと。「それはまずご本人の気持ちを……」と言いかけると、「あなたベテランでしょ？」とボディブロー。さらに「あなたならできるでしょ？」とまるでスーパーマン扱いです。

一人前やベテランというのはそんなもんではないのだけれど……。経験年数や役職でなんでもかんでもできると思われると困りますよね。

Episode
7

病院に行くと家族代わりにされる

高齢者のみの世帯の増加

高齢者のみの世帯や、高齢者独り暮らしの世帯がずいぶん目立ってきました。その場合、家族が遠方に住んでいるなどで緊急時の支援が難しいことも多くあります。担当利用者を目の前にした時、ケアマネとしての立場を超えた依頼や決定を迫られることがあります。

救急隊員の合言葉

ある日、「転んでしまって動けない！」と利用者さんからの電話。すぐに訪問して救急車での搬送。そんな時に救急隊員から必ず聞かれる合言葉があります。「ご家族の方ですか？」。家族ではありませんが、病院に搬送するのに何かしらの同意を得たいのでしょうね。家族の代理というわけではないけれど、ケアマネは「人質」になり救急車に同乗します。とかくケアマネはこんな場面に遭遇しがちなんですよね。

家族ではありませんって

病院に到着すると、そこでも看護師から「家族の方ですか？」。「ケアマネです。ご家族には今連絡を取っています」と伝えますが、家族が来るまで院内に留まることを求められたり、入院の同意や緊急で手術が必要な場合には手術の同意すら求められたりします。そんな時「家族じゃないって！」と叫びたくなります。

なかには、家族に連絡がついて病院のスタッフに電話を変わったら「ケアマネさんのいいようにしてもらって構いません」だって。だから、私、家族じゃないんですけど!?

退院しても、通院同行を家族に頼まれ、しぶしぶ診察室の中へ入り受診に立ち会います。そこで聞いたことを家族に伝えますが「もっとこんなことも聞いてほしかった」とちょっとした不満を言われたりします。いやいや、だったら家族の方が同行して聞いたらいいでしょうに！　だから家族じゃないんだってば！

Episode
8

ケアマネ「様」なんて
思われるのはツライ

ケアマネってそんなに偉いの？

「ケアマネってそんなに偉いの？」

とあるサービス事業所の担当者から聞かれました。

「偉くないよ、どうして？」と聞き返すと「要望に応えられないともう使わないよって言う、強引なケアマネもいるでしょ」とため息にまじりに答えてくれました。もちろんこんな「俺様」気取りな人は少数派です。しかし、多くのケアマネは利用者さんのために必要とあらば多少無理な要望を出すこともあるのだと思います。それがともすると、強引な感じで捉えられてしまうのでしょう。利用者さんに対して、一生懸命な熱血ケアマネほど誤解を生んでいるかもしれません。

しかも、ケアマネ側は、サービス事業所は自分たちの味方だと思っているフシがあり、多少強引さはあっても多めに見てくれるでしょ？　という勝手な解釈をしてしまいがちです。それに加えて、サービス事業所側も要望に応えないと利用者さんを回してもらえないという意識から、必要以上にケアマネを意識してしまい……結果、「ケアマネ様」が出来上がるというわけです。冒頭のセリフ通り、ケアマネは偉くありません。身の丈に合わない「様」待遇は困りものですね。

ケアマネ「様」からの脱却！

私たちは利用者さんの自立（自律）を支援するために日々奮闘しています。でも一人で奮闘するのではなく、支援チームで多職種連携で頑張りましょうという姿勢で、何でも相談し合い、意見を言い合える関係性を築く努力が必要です。ケアマネは威張っているのではなく、利用者さんのために頑張ってることを知ってもらってケアマネ「様」から脱却しましょう。

そうは言っても、本当にケアマネ「様」的な態度で仕事をしている輩が多いのも確かで、このままだとうんざり顔の事業所のボヤキはしばらく続きそうです。俺様ケアマネの目を覚ますのも私たち自身の役割なのでしょうね。そこのあなたは大丈夫ですか？

Episode
9

休日は
心と身体のメンテナンス

連休のためなら……

世の中、連休が増えました。「有給休暇を使いなさい」と上司から指示が出るとさらに嬉しい連休。ワクワクしつつも、なぜだか連休前に限って利用者さんが入院したなどの突発的なトラブルや変更が続きます。日々残業したり、訪問したり、あれやこれやと手配をし、気づけば待望の連休前日を迎えます。

心はこんなにワクワクしているのに身体のほうは、この数日の疲労がかさみボロボロ。ため息をつく私に「どうしたの、疲れてるわね」と気遣ってくれる同僚。そして「あら、白髪があるわよ」「ねえ、最近少し成長した？」（太ったって言いたいんでしょう）と、いろいろ指摘をしていただきます。ほんとやさしい職場です。

美的意識か、ストレス対策か

連休のために頑張ったしわ寄せでお疲れモードの私を同僚ケアマネたちはほっときません。「整体に行ってみない？　Aサロンはちょっと高いけどスゴ腕の先生なのよ。Bサロンはオイルマッサージが抜群。Cサロンは深夜3時までやってるから便利」とのお誘いが。

続いて「あら、カイロもいいのよ。D施術院は腰痛改善にいいけど、あやしい水晶玉がたくさん置いてある。けどまぁ……大丈夫よ」（なにが大丈夫なのか？）。そうかと思えば「いやいやフェイシャルエステが先ね。顔洗わないで寝てるでしょ」……そんなに私ボロボロかしら。

やたらと整体やマッサージに詳しすぎるケアマネは、すでにジプシー状態。美的意識が高いのか、ストレスがそれだけ溜まっているのか。情報サイトや口コミを調べあげ、初回クーポンを使って揃いも揃ってみんなメンテナンス上手。そんなわけで連休は整体とマッサージのはしごに決定！　ゆっくりリフレッシュして、連休明けからまたいい仕事がんばろう！

Episode
10

男（ケアマネ）はつらいよ！

ほっておけない

僕自身、ケアマネジャーになってから早6年。なんと、今年は、主任介護支援専門員の資格を持っているからという理由で、管理者に抜擢されました。しかし、男性である自分の部下は、女性ばかり。百戦錬磨のベテランお姉さま４人衆なのです！

僕は、どちらかというとおっとりしているのですが、年上のお姉さまたちは４人とも賑やかな方ばかりです。先日も、給付管理の件で包括に電話していると、横から「請求書のことも聞いて！」とか「そうじゃなくて、これこれ！」などと急かされます。内心、「わかってますって」「今言おうと思ってたのに〜」と思うのですが恐ろしくて口にはできません。

よく言えば、お姉さま方にとっておっとりした僕（男性ケアマネ）は、「ほっておけない存在」なのでしょう。悪く言えば、「頼りない」「世話のかかる」存在なのでしょうけれど……。

1対9の割合

これって事業所内に限ったことだけではありません。担当エリアでケアマネジャーが集合すると、1対9の割合で女性のほうが多数を占めます。しかも、その女性陣の中には、行政への提案や苦言、そして介護支援専門員協会の活動等、積極的にやってのけるパワフルな方々が多いです。ケアマネジャー同士の懇親会の場でも、そのパワーが発揮されます。例えば、お姉さま方の話題。夫の両親の話から薬管理の話になり、ドクターの悪口へと発展しますが、その展開スピードは超高速です。

「両親の病気は大丈夫なのだろうか？」などと心配しても、次々に話は展開し、話についていくのは、至難の業。ただただ、うなずき、傾聴。ただし、だからといってぼーっとしていると、「A君、この前の議事録お願いね」などと言われるので気が抜けないのです（泣）。男（ケアマネ）はつらいよ！

Episode
11

月末に
ハンコをもらいに来る人じゃ
ありません

モニタリングはハンコをもらいに行くこと？

とある事業所での一コマです。新人ケアマネジャーが利用者さんと電話でモニタリング訪問の日程調整をしています。電話口でこんなことを言いました。「Aさん。今月もハンコもらいに行っていいですか？」

これを聞いていた主任ケアマネは眉をひそめます。察するに利用者側もケアマネジャーのことを「毎月ハンコをもらいに来る人」だと思っているのでしょう。

さて、電話を切った新人ケアマネジャーに主任ケアマネはなんて声をかけたでしょう。「モニタリングとはうんぬんかんぬん」教科書に書いてありそうなことを言うのでしょうか。あなたならなんて言いますか？

待ったなしの状況です

問題なのは、利用者さんとモニタリングの意味や価値を共有していないこと、それをケアマネがきちんと説明できていないことでしょう。最近の報酬改定では、居宅介護支援費の自己負担の導入について議論がされています。もし居宅介護支援に利用者負担が導入された場合、利用者さんは、毎月ハンコをもらいに来るだけの人にいったいいくら払うでしょうか。

導入の是非は置いておいて、利用者負担の意味は、単に利用者さんに費用負担を『強いる』ものではなく、利用者さんが対価に見合ったケアマネジメントサービスであるかを考える機会、つまり私たちのケアマネジメントの価値が問われる機会ということができます。

ケアマネ業務の目に見えない付加価値についてきちんと言語化し、利用者さんに伝え、毎月のモニタリング訪問の価値を感じてもらう、そうした努力を全国各地のケアマネがやっていれば、自己負担の導入も怖くはないはずです。

さて、あなたの担当する利用者さんは、あなたをどんな存在だと思っていますか？

Episode
12

伝言は
フルネームでお願いします！

お年寄りの名前あるある

少子高齢化の現代においては、もはや子どもは希少生物で、名付けもめったにない出来事。そのためか、キラキラネームなどと呼ばれる趣向をこらした解読が難しい名前もありますね。一方、お年寄りの名前にもその時代の特徴的なものがあります。たとえば、末っ子には留めがつく人が多い、昭三さんは、昭和３年生まれさんの可能性ありなど。対人援助職のケアマネジャーと人の名前は密接に関係しています。

ファーストネームまで聞かせて

「○○さんより入電。折返し携帯に連絡ください」。訪問から戻ると自分のデスクに伝言メモが貼られています。それは多くの場合、不在中に事務所にかかってきた電話についての折返しの依頼です。その時に、困ることの一つが、名字が同じ人シリーズ！　決して、世の中の鈴木さん、田中さん、山本さんが悪いわけではないのです。ただですね、私たちは複数の人を担当していて、中村さんだけでも３人いたりするのです。よくある名字じゃなくとも、夫婦や親戚を担当することだってあります。願わくば面倒でも、花子さんか太郎さんか、ファーストネームまで教えてください。

かえるさんの子はかえるさんとは限らない

いくら物忘れが激しい私でも、担当の利用者さんのお名前を忘れることはありません。でも、伝言メモの中に時々、どうしても見覚えがない名前が混ざっているんですよね。遠方の家族が電話してくださる時によくあるのですが、ご家族自身の名字を名乗られる方がいます。それが嫁いだ娘さんであったりすると、利用者さんと名字が違っているのものだからややこしい。「かえる」さんという利用者さんのお子さんが「かえる」さんという名前だとは限りません。「かえる」さんのお子さんが「とんび」さんであるということだって起きるわけです。この例えがややこしいって？（笑）

Episode
13

移動中のケアマネジャーは ほうっておいて

移動時間は気持ちの切り替えタイム

　私たちは一日に何件もの利用者さん宅を訪問します。それぞれのお宅には、固有の暮らしをもつ、人生いろいろな利用者さんがお住まいですから、一人ひとりの利用者さんの人生と向き合う訪問面接は、いつだって真剣です。なので、「それではまた」と挨拶を交わし、玄関を後にした時、ある種の緊張から解き放たれます。終わったばかりの面接の振り返りをしながら、一歩一歩、訪問後のお宅から遠のいていきます。そして、次の訪問先に近づくまでの間、束の間のニュートラルな時間がやってきます。そう、訪問から訪問への移動時間というのは、ケアマネジャーの気持ちの切り替えタイムにもなっていますよね。

見かけても、どうぞそっとしておいてください

　移動時間の過ごし方は、人それぞれだと思いますが、私の場合は、移動途中にある公共施設やスーパーなど、途中途中にある施設のトイレを巡るという趣味（？）があります。なぜかというと、お断りをしても訪問先でお茶やコーヒーが次々出され、中には、飲み干すと容赦なくおかわりが注がれるわんこそばシステムのお宅もあります。そうなると、お腹も膀胱もハイパープレッシャー！　さすがに訪問先のお宅でトイレをお借りするわけにはいかず、移動中に必死の形相でトイレを探すことになります。こういうことを繰り返すうちに、今では、街中のトイレスポットにずいぶん詳しくなりました。外出先でトイレに困ったらどうぞ私に聞いてください（笑）。他のケアマネジャーに移動時間事情を聞くと、人が見ていないことを確認しながら大声で歌を歌って気分転換するという方もいました。一人リサイタルで酔いしれるそうです。

　皆さまにお願いがあります。もしも移動中のケアマネジャーを街頭で見かけても、束の間の気分転換中につき、どうぞそっとしてやってください。

東京編

東京人の足腰は
日々の鍛錬で鍛えられてます

24時間フィットネスジム東京

厚労省の調査によると全国都道府県別の1日の歩数比較で、東京都は男性が4位の8611歩、女性が5位の7250歩。意外と東京人はよく歩いていることがわかります。これには色々理由があると思いますが、何より公共交通機関の発達と利用頻度の高さが挙げられそうです。

通勤や研修時に電車を利用しているケアマネは、悪名高い満員電車の中で揺れに合わせてバランスをとり、人の波に揉みくちゃにされながら体幹トレーニングをしています。そして、まるで迷宮のような新宿駅や渋谷駅で乗り換えるたびに早歩きで移動し、また通勤ラッシュに揉まれるのです。ちなみに地下鉄都営大江戸線の六本木駅の深さは日本最深の42・3m。地下7階にホームがあります。もちろんエスカレーターがありますが、これを階段で上り下りすることを考えると、かなりの運動量です。ケアマネに限らず、東京人は日々、鍛錬の毎日なのであります。

歓迎！ 筋力をつけたいケアマネ

都内の自治体は面積が狭いことや駐車場が少ないこともあり、利用者宅や関係機関への訪問には自転車を使うケアマネが多いのも東京あるあるです。日々の自転車訪問でペダルを踏みしめながら腸腰筋を鍛えています。最近では電動自転車を使うことも増えましたが、訪問途中で電池が切れた時のペダルの加重も含めてもはやトレーニングの一環です。

そして集合住宅の多さも東京の特徴の一つ。建築年数が古くエレベーターの無い公営住宅では大腿四頭筋を鍛えながら階段を駆け上り、最新のタワーマンションでは数々のセキュリティをクリアしながら長い距離を歩き、ようやく利用者宅の玄関にたどり着きます。

東京のケアマネたちは、利用者さんと家族のより良い暮らしに向けた生活支援を日々考え実践し、同時に自身の下肢筋力を鍛えながら勤務しているのです。

名古屋編

喫茶店でのモーニングは ケアプランに必須です

名古屋式モーニングと滞在型喫茶店のススメ

モーニングとは、コーヒー1杯分の値段で朝食がついてくるサービスのことですが、ここ名古屋はモーニングの発祥地です。発祥地だけあって、喫茶店によっては、豪華な朝食がついてきます。トーストにサラダにゆで卵にデザートまで！　でらすげぇがや。

金のシャチホコに、嫁入りトラック結婚式、縦巻きカールの名古屋嬢（古い？）などなど、派手さが売り（？）の名古屋ですが、豪勢なモーニングには、そんな名古屋人気質がよく表れていると思います。

朝から忙しいケアマネジャーにとって、なかなか平日にゆっくり、朝食付きのモーニングを食べに行くのは難しいのです。でも、休日に喫茶店に出かけて、豪華なモーニングをいただきながら、雑誌や新聞を読んだり、人と話をしながらのんびりと過ごすのは最高。滞在型喫茶店の多い、この地方の休日ケアマネジャーあるあるかもしれません。

ケアプランにも！

モーニングが有名なだけあって、とにかく喫茶店が多い愛知県。そんな愛知のケアマネジャー同士の情報交換会では、喫茶店情報で盛り上がります。なぜなら、地域の高齢者の情報交換や居場所として、喫茶店はとっても重要な社会資源だから。なにしろ認知症の物忘れなど出てきている方でも、なじみの喫茶店なら歩いて通うこともできますし、毎日通うのが習慣になっている人も沢山います。親切なマスターやママさんがいるところだと見守りにもなり、コーヒーチケットを買っておけば、お金もいりません。まだ、自分で歩ける方であれば、自立支援にもつながりますので、ケアプランにも必須です。これも、なじんだ居場所となる滞在型喫茶店の長所でしょうか。

もはや全国区のモーニング。今度は全国に先がけて、コーヒー一杯で豪華な夕食がついてくるイブニングもやってくれないかしら？

引用・参考文献

・注2　厚生労働省「国民健康・栄養調査（平成28年）」

第4章

私だけでしょうか？

Episode
1

交替勤務のお当番出勤日にアタリをひいてしまう

交替勤務体制でのお当番出勤

皆さんの職場には、交代での勤務体制の日はありますか？　私の職場では、土曜日とお盆といった特別な日には、少人数での勤務シフトを組んでいます。月に換算すると、一～二回くらいの頻度です。また、時間外・休日の電話当番というのも組んでおり、10日に一度くらいのペースでそれが回ってきます。これらの出勤日は世の中がお休みをとっているところが多いからか、比較的相談件数も少ないため、少人数の「お当番さん」だけで対応していくこととなります。この日に限っては、積極的に訪問も入れず、窓口対応に終始するため、空き時間は普段溜まっている事務仕事に当てています。「今度の土曜出勤の時に、この書類片付けておくからね」と言う人もいます。

アタリ？　ハズレ？　奇怪な引き寄せ体質

これをアタリというのか、ハズレと呼ぶのか、ちょっとした怪奇現象があります。それは、なぜか、私が「お当番さん」として交替勤務のシフトに入る時に限って飛び込み相談や緊急対応が生じるということです。気のせいかな？　とも思うのですが、お盆勤務でヘトヘトになった翌日の申し送りで、同僚から「あら？　また引き寄せたんですか？」「アタリの神様？同じ日のお当番は勘弁！」と苦笑されることがママあるのです。ある時は、警察から「〇〇町で分裂している高齢者がいます。今すぐ来てください」って。えっと、人間が割れるって？　桃太郎？　じゃなくって、それは統合失調症のことですかね？　などとブツブツ言いながら駆けつけたり。またある時は、救急搬送対応が一日に二回あり、出会う救急隊に「また、あなたですか」と苦笑されたり。自分で呼びたくて救急車を何度も呼んでいるわけではないのですがね。まあ、そんな日の終りに「お疲れさん」と自分を労りながら、プシュッと開けて飲む缶ビールの美味しさは格別なことを思うと、やっぱりアタリかも（笑）。

Episode
2

迷い多き人生に迷いながらも伴走いたします

ここはどこ？　私はケアマネジャー

時々、遭遇しませんか？　地図をくるくる回しながら、あっちこっちに行き来している迷子の迷子の子猫ちゃん、ならぬケアマネジャー。なんとなくですが、この職種、方向音痴の方が多数派のような……。私の先輩に至っては、道順を説明することも不得手なようでした。「あの道をシュッと行ってシャーって行けば、その家があるから」と言われてもチンプンカンプンでして。困ったあげく先輩の言葉をひとまず真似してみました。「シュッと行ってシャーですか」と。すると、先輩がやっと分かり合えたわというような目でオクターブ上がった声で繰り返しました。「そうよ！シュッといってシャーよ」。仕方なく、先輩と別れてから再度、地図とにらめっこを始めました。

迷い多き人生に迷い子のケアマネジャー

利用者さんのお宅の玄関をくぐれば、一人ひとり固有の暮らしがその中にはあります。なのに、なぜか、家々が並んでしまうと区別がつかなくなるのは、私の頭の構造の問題なのでしょうか。住宅街は、同じような家が並んで見え、一度迷うと永遠にたどり着かない心細さが生まれます。そんな時地図アプリに頼ってみても結局反対方向に進み出す始末。早急に、右足をまずどっちに出せばいいのかを示してくれる方向音痴用のナビを開発してほしいものです。マンションや公営住宅となるとさらに難易度が上がり、どれも同じ扉にしか見えなくなります。屋内でもそんな調子で、ご案内いただいた居間や客間から玄関にたどり着くまでに、トイレや押し入れを開けては苦笑される始末。このように道に迷った時、自分に言い聞かせる言葉があります。「きっと大丈夫、私。ちゃんとたどり着けるはず。私たち対人援助職って、迷うのが仕事なんだから」。人生は迷いの連続、私たちケアマネジャーは大いに迷いながら利用者さんと見出すゴールへと伴走していく、そんな仕事ですものね。

Episode
3

利用者さん同士の会話に聞き耳を立てる

昔の女子たちのガールズトーク？

昔から女三人寄れば姦（かしま）しいといいますが、いつの時代も女性は世間話が大好きです。今風にいえば、ガールズトークでしょうか。女性の利用者さんやご近所さん同士で集まればたちまち昔の女子たちのガールズトークに花が咲きます。実は、その会話の中で私たちケアマネにとっても参考になる情報交換が行われているのです。

侮れないガールズトークの力

Bさんの自宅にご近所さんのAさん、Cさんが遊びに来てはガールズトークを楽しんでいます。「昨日、誰々が亡くなったのよ」「○○さんとこのお孫さん結婚するんだって。若いのにね」とご近所さんあるあるトークに始まり、「この前、新人のヘルパーさんが来て、何から何までまた教えなきゃダメで大変だったわ」「それは大変だったわね。私はそれが面倒だから利用しないの」とヘルパーあるあるトークまで、ありとあらゆる情報交換をしています。

おもむろにAさんが聞きます。「ねえねえ、Bさんも膝が悪いって言ってなかった？」「Aさん、どこかいいお医者さんあるの？」するとAさんは少し頬を染めながら「最近、できたD整形外科クリニックの先生がすごく優しくてね。若くて素敵なの！」これにBさんもCさんも興味津々。「先生が少し運動したほうがいいっていうもんだから、そこのデイケアに行くことにしたの」とAさん。実はBさんは膝の手術をしてから自宅に閉じこもり気味でケアマネからも少し運動しては？　と勧められていたのでした。AさんからイケメンΔ情報を受けてBさんの心が動きます。「私もそこに行って運動してみようかしら……」と。こんな風にケアマネでは動かせなかった山がイケメンの力、もといガールズトークの力で動くことも。ちなみにトーク中にうっかりケアマネに対する苦情も紛れ込むこともありますので、そんな時は粛々と受け止めましょう。

Episode
4

自分のメモ書きが解読できない……

メモを取る時は自信満々なのに

日々の電話連絡や伝言でケアマネの机の上はメモ用紙でいっぱいです。それらの案件が片づかないうちにまた新たな電話連絡が。「はい。○○日、14時ですね。承知いたしました。では、14時に伺います」。こんなやり取りの後、「○○日14時訪問」と殴り書きしたメモ用紙が机の仲間に加わります。その時は誰と約束したのかわかっているので、メモ用紙に約束した相手の名前を書き忘れているのに、気にも止めません。忘れるはずはないと自信満々です。なのになのに……数日後、メモを見た瞬間、「あれ？　誰と約束したんだっけ？　どこに行くんだっけ？　マズイ！　思い出せない！」と凍りつき、名前を書き忘れた自分のうかつさを呪うのですが、後の祭りです。ひょっとしたら手帳には書いてあるかも。一縷の望みにすがって、手帳を開いてみると……「14時訪問」と無駄のないシンプルな記載。わかりやすく簡潔にまとめるのもケアマネジャーに必要な能力ですからね。冗長にならないように、日頃から簡潔明瞭を心がけているなんて我ながら感心感心……って、何もこんな時まで（泣）。

日頃のコミュニケーションに助けられる！

忘れないようにとメモを取ることは徹底しているのに、肝心な部分が抜けてはメモの意味がありませんね。私の記憶も曖昧で当てにならないし、穴があくほどメモを睨みつけても名前は浮かんできません。訪問日も近づき、いよいよ万事休すか、とあきらめかけたその時、思わぬところから救いの手が！「○○日は、確かAさんのご自宅に行くと言っていましたよ。私に車の空き確認していましたから」と事業所の同僚が一言。なんというファインプレーでしょうか！　日頃の何気ない会話やコミュニケーションのおかげで私の訪問先が判明したのでした。神様、仏様、同僚様！　です。利用者さんや家族への説明は簡潔明瞭なのに越したことはありませんが、簡潔明瞭もほどほどに。

Episode 5

訪問したけど、利用者さんのファイルがない！

利用者ファイルがない！

いつものモニタリング訪問でのこと。出がけにカバンの中身を確認して、約束の時間通りにＡさん宅へ到着。ピンポーン。「Ａさん、おはようございます。Ｄです」と声をかけ、カバンに手を入れ、Ａさんのファイルを取り出そうとしたところ、あれ？　入っているはずのファイルがない⁉　そんなはずは……、確かに入れたはず！　少々パニック状態になりながら、訪問前の行動を思い出してみます。確かに、カバンに入れるために棚からファイルを取り出したところまでは間違いないのだけど……。その先は……？　どう思い返してもファイルをカバンに入れた記憶が出てきません。やっぱり、入れるのを忘れたんだ……と事もあろうに玄関前で思い出すことになりました。

わかっちゃいるけど諦めきれない

ファイルは持ってこなかったけど、せっかく訪問したのだから、Ａさんにサービス利用や最近の様子を聞こうと自宅にあがると「Ｄさん、今日は何となく身軽だね」とＡさんからの直球が。慌てて「Ａさんのファイル、持ってきたつもりなんだけど……」とないとわかっているカバンを探す仕草をすると「たまにはいいんじゃない。いつもファイルにメモを取りながらのお話だから、熱心に聞いてもらっているのはわかるんだけど、気になってたのよ」とＡさん。

「ああそうか～Ａさんはこんな風に思ってたのね～」とファイル忘れの大ポカにも新たな気づきが！　今日くらいはメモを取らずに傾聴しましょう。それでも深層心理でファイルを諦めきれない私の手はずっとカバンの中に。ひととおり話が終わり、「手を出すタイミング逃しちゃったなぁ」と内心で苦笑。さて、事務所に帰ると、当然、机の上にファイル様が鎮座しておりまして、「ファイルはケアマネジャーとしての必需品！　今度は忘れないようにね」と物語っておられたような。反省。

Episode
6

プライベートで同業者に身元を隠してしまう

隠しきれない同業者の匂い

利用者さんの家族にお会いする時に、時折漂ってくる匂いがあります。そう、同業者臭というやつです。例えば、退院前カンファレンス、こういう場面に普段は同席されない親族が来られた時には要注意です。

この日は、遠方から長女さんが駆けつけてくださいました。ケアマネジャーの私としては、初めてお会いする家族です。主治医がひととおりの病状説明をした後に、家族に「聞きたいことはないですか？」と質問したところ、それまで物静かに聞いていた長女さんが、「熱発があれば、清拭のほうがよいですか？」と発言。ん？　ネッパツ？　セーシキ？　もしかしてだけど、同業者さんですかね。

名乗るほどのものではございません

プライベートで、親族の介護相談等でケアマネジャーに出会う際にも、かなり気を遣ってしまいます。できれば、身元が知られない方法がないかと妙にコソコソしてしまったりします。そうこうするうちに、素性を明かすタイミングを失い、余計に怪しい親族Ａと化してしまうこともあります。先日、プライベートで祖母の認定調査に同席してほしいと、祖母の実の娘である私の母に頼まれました。ケアマネジャーが「可動域はわかりました。じゃあ、座位はどのくらい保てますか？」と問いかけたところ、困った母は私に「カドーイキザイ？　いや、うちのおばあちゃんは、物忘れはあるけど、犯罪は起こしてないね」。そこまで黙って聞いていた私もさすがに吹き出してしまい、「祖母は、ＡＤＬは割に自立してるので、むしろ４群を聞いてください」。その瞬間、ケアマネジャーが凍りつくのを感じました。「あ、いやあ、エーケービー？　いや、えーっとなんだっけ」。時、すでに遅し。「ひょっとしてお孫さんの職業って？」というケアマネジャーの問いかけに「名乗るほどのものではございませんが……」。と平謝りしながら、カミングアウトしました。

Episode
7

愚痴は言っても
悪口は言わないぞ！

多少の愚痴はつきものです

利用者さんといってもいろいろな方がいて、物わかりがいい人、悪い人、耳が遠い人、動作が遅い人、猜疑心が強い人とさまざまです。だからいろいろなコミュニケーション障害があったり、話の行き違いがあっても想定内で、多少の愚痴はつきものです。また、さまざまな関係機関と連携を行う中で、役割や機能を理解してもらえず、手前勝手な期待や評価を受けたりもします。それを乗り越えて、あの嫌いな先生と連携がうまくいったとか、今月は新規5件を管理者にふられたけど頑張って乗り切った、なんていうような何かを達成した、いわば「武勇伝」的な愚痴なら聞き心地も悪くありません。

事例提供者の愚痴にみる自分の中の本音

うちの町では定期的な事例検討会が開催されます。事業所がいくつかあり、事例提供役は事業所の輪番で回ってきます。事例提供者に対する非難はＮＧにするなど、いくつかのルールを決めて実施しているのですが、同じケアマネ同士、つい本音も飛び出します。

ある事例提供者から「最悪なばあちゃん。何回も同じこと聞いて来るのが腹立たしい」などと発言されると、「おいおい、認知症の特性を知らんのかい」と悲しい気持ちにもなります。

それだけではなく、利用者さんの名前を下の名前で呼び捨てたり、聞くに堪えない罵詈雑言を聞くこともあります。

こんな、相手に対する敬意のかけらもない愚痴はいかがなものかと思いますが、でも、例えば、まったく聞く耳をもたずに一方的にクレームだけを伝えてくる家族とか、セクハラまがいな言動をとってくる利用者さんに対して、冷静ではいられないこともあるよなぁ。自分も怒りに任せてヒドイことを言っているかも。人の振り見て我が振り直せ、じゃないけど、愚痴は言っても悪口は言わないぞ！　と心に誓うのでした。

Episode
8

噂をすればなんとやら。うちの事務所の七不思議

「そういえば、最近」は禁句です

「そういえば、○○さんって最近連絡ないよね」。日常会話ではよく聴くこの台詞、うちの事務所内では禁句となっています。なぜなら、その後、電話がなる率が高いのです。かけてくるのは、そう、噂のあの人。たとえ、当人ではないにしても、あの人にかかわる情報が関係者からやってくる場合も。しかも、それは大体バッドニュース。そんな時は、当然、噂をした人が悪者になります。「ほらー。○○さんって話題を出すから、こんなことになったじゃないー」と。

事業所内に監視カメラでもあるの？

それにしても、事務所のどこかに、盗聴器や監視カメラがあるのではないかしらと思うくらいの絶妙なタイミング。ひょっとして、あのエアコンの隙間から誰か覗いている？　これを逆手にとって、連絡を取りたい利用者さんの噂をこっちからしてみようか、と試したことがありましたが、そこは電話が鳴らず作戦失敗。無意識に口にした時しか効果がないようです。そういえば、過去の利用者さん記録の整理をしている時に、その方の訃報が届くという現象もありました。デスノートか？　と不吉に思いましたが、皆さん100歳を超えての大往生、偶然ですよね。

噂をするのは気になっている証拠

私たちが担当する利用者さんの数は限られていますが、35人だったら35人に平等に一定時間を割いているわけではありません。新規や入退院など、支援の時期によって、かかわりに濃淡は生まれます。毎日、何度も電話がある利用者さんや家族もいます。愚痴や苦情を訴えたり、ながーい話が続く方など……、関係作りのためといえど戸惑ってしまいます。だけど、それがピタッとやむと気になっちゃうんですよね。噂をするのは気になっている証拠。そういえば、あの人、どうしてるかな。

Episode
9

人の目標管理は得意だけど、自分のは苦手……

あの手この手で

ケアマネジャーには、目標管理という重要な役割があります。利用者さんと一緒に目標を立て、それが達成できるようモチベーションを保ちながら一緒に伴走していく役割ですね。

おっちょこちょいだけど一生懸命なケアマネジャーのAさんは、とりわけ目標管理に力を入れています。家庭訪問では、さまざまな工夫をしながら利用者さんと一緒に目標設定やその管理ができるよう心がけています。

例えば、糖尿病で血糖値が高い方の目標設定の場面では「次回の検査で、ヘモグロビンA1Cが下がったらいいですね」などと声をかけ、反応が薄いと、今度は「血糖値をコントロールしないと、網膜症とか腎不全とかさまざまな病気が出てくるんですよね」と、半ば脅しに近いようなことを言い、それでもまだ表情が釈然としない時は、「私はBさんに元気でいてほしいんです」などと泣き落としに入ったりします。

また、脳梗塞の方の目標管理の場面では、「その後リハビリはどうですか？」と声をかけ、その答えが思わしくないと、「遠くに嫁がれた娘さんに会いに行きたいって言われていましたよね」と、利用者さんのぐっとくるところに入り、「私も頑張りますので、一緒に頑張りましょう」と、モチベーションサポートも欠かしません。

今年の目標は？

目標管理に力を入れている彼女の「今年の目標」はと言えば、「体重をあと5キロ落とすこと！」でもこの目標を聞くのは今年で3回目（3年目）。落とすどころか逆に増えてるような⁇

利用者さんの目標管理はできても、自分の目標管理は難しいですよね。

ここは先輩の私が一肌脱ぎますか！　でもダイエットはさすがにスーパーバイズできないかなあ（笑）。

Episode
10

どこまでが霊感？
妄想ストリートへようこそ

意外に多い高齢者の妄想もち

「実際にないものが見えたり聞こえたりしますか？」と調査員に聞かれ、「いやあ、ないですね」と即答したAさん。おいおい、なんだ、そのドストレートな質問は。そしてなんだなんだ、そのソツなき答えは。「いつも夜になると死んだおとっつあんがやって来て眠れない」って言ってたじゃん！　Aさん！

とまぁ、認定調査の項目にもなっている妄想。そのベースとなる病態は認知症にせん妄、うつ病、妄想性障害とさまざま。生活に支障をきたしているかどうかの見極めは必要ですが、意外と多いんですよね、密かに妄想をもっている方。頭痛もちくらい。

盗られ妄想は嫁から

妄想はなぜか、身近な関係者に対して出やすいようです。特に、甲斐甲斐しくお世話をしてくれる嫁が標的になりがちです。「おじいちゃんの下着を盗ったって、くれるって言ってもいりません」。そのとおりです。本人にとっては大事なものでも、言い方はなんですが、周囲にとってはいらないものが多いのが「盗られ妄想あるある」。まあ、中には現金や高価なツボをヘルパーに盗られたという人もいますが。

妄想と霊感の狭間で

ところで、「昔から霊感が強くて」という枕詞がつく妄想話って、どこまでが妄想で、どこまでが霊感なのか、悩むことが多いです。もしも自分に霊感があったら、ひょっとして、その方と同じものが見えるのかもしれません。そして、地域を俯瞰してみてみると、私たちが密かに「妄想ストリート」と呼ぶ箇所が存在しています。あのエリアの人たちの妄想は、小人が多いとか、幽霊系が多いとか。妄想もちの利用者さん同士は話をする機会もなく、私たちにも守秘義務があるので、心の中で密かに「出た！　妄想ストリート！」と小さく叫んでいるだけなのですがね。

Episode 11

「あの先生知ってる！」自慢にご用心！

人とつながっていくケアマネジャー

利用者さんのための医療介護連携のカギはケアマネジャーにあり。そんな誇りをもって連携にはとくに苦心している私たちです。とりわけ、新しい連携先との仕事は絶好のチャンス。お互いにほどよい緊張感の中、いろいろ考えて信頼関係の構築を図っていきます。こうした努力が実って、利用者さんを支えるよい支援体制が構築できたりすると本当に嬉しくなりますし、やっててよかったなぁと感じます。

地元の医療機関や介護サービス事業所だけでなく、地域住民や地域自治組織など、人とのつながりが広がっていくのも、ケアマネジャーのおもしろさなんですよね。冗談じゃなく、この仕事やっていると、友達100人できちゃう感じありますよね。

嬉しくって、つい……

当初、恐る恐るだったあの有名医師や、ベテラン看護師に名前を覚えてもらえると、連絡を取ることが苦にならなくなります。堅物地区社協会長、顔の広い民協会長とたびたび地域ケア会議で顔を合わせているうちに「やあやあ」と仲良しになり、冗談すら言える仲になります。そして、県や市議会議員たちと顔見知りになって政策提言に反映してもらうこともできたりして、仕事がスムーズになっていく実感がありました。

ところが、ある日の懇親会。とある有名な先生の話題が出て「○○先生なら知ってるよ。会議でいつも私ばかりにマイクをふって困るんだよねー」と口からぽろり。それがなんだか「自慢」みたいになってしまい、その場の空気が変になりました。またある日の飲み会で、「講演頼める人いない？」と聞かれ、つい「○○先生なら飲み友達です」と言ってしまい、「紹介して」「無料で頼める？」「うちにも呼んで」の嵐。飲みの席では仕事の話は禁句と言っても後の祭り。

ついつい出てしまう「あの先生知ってるよ」アピール。信頼を損ねる危険性がありますのでご用心！

番外編④

誰が職員で誰が利用者かわからない

見た目でわからない障がいなので

精神障がいの方は見た目には障がい者だとわかりにくいところに特徴があります。一見変わった感じの人くらいなら職員にだってそんな人はいます。事業所の職員が同伴で利用者さんと初めてお会いする場合、職員が名札をつけていなかったらとにかく要注意です。長らく利用者さんかと思って話しかけていた人が職員だったということもあります。また逆もあり施設を訪問した際に、名刺を渡してさんざん話をした後に、「大変やな。わかった。職員呼んでくるわ」と言われたこともありました。

そういうこともあるので、一緒に行った同行職員に「今の人、職員だよね？」と確認する時もあります。

職員らしさを指導してくれる利用者さん

私が地域活動支援センターの職員をしていた時、利用者さんとフロアで話をした後、職員室に戻ってパソコンに記録を打ちこんでいたら、先ほどの利用者さんから「あんた、そんなとこに入ったら職員に怒られるよ！」と注意されたこともありました。

そんな私ですが、利用者さんたちと組んだ音楽のバンド演奏のためにホテルへ打ち合わせに行くことがありました。職員代表としてです。支配人らしき人が「障がいのある方たちがこうして演奏しながら活動しているんですか。プロなんですか？」と質問し、一緒に行った利用者さんが「いえいえアマチュアです」「じゃあ、どうやって収入を得ているんですか？」「障害年金です。5万いかないくらいですけど」という会話をしていて、横で聞いていたのですが、会話が終わり、その支配人が私のほうを向き私の肩をバンと叩いて「がんばれよ！」と笑顔でため口。バンドメンバーは大爆笑。「はい、頑張ります」と答えるしかなかったです。後でメンバーから「職員としてまずは身なりからやな」と言われ、そこでも「はい、頑張ります」と答えるしかありませんでした。

青森編

利用者さんと
リンゴの皮むき対決！

青森と言えばリンゴだよの～

「親戚からリンゴもらったはんで、むいてけるから食っていがねが？」と利用者のBさんから流暢な津軽弁でお誘いされました。「喜んで！　ってあれ？　Bさん、リンゴむけるの？」と思わず疑問が声に。「何言ってる！　青森に生まれ育って80年！　むけるにきまってるべな～」と自信満々。でも、普段は奥さんに任せきりで包丁も持たないと言っているはずなのに本当かなぁと半信半疑でいる私に気づいたBさんは「その目は信用してねな？　へば、リンゴの皮むき競争するべし！」と高らかに宣戦布告！　あれ、今日はモニタリングで来たはずなのに、おかしな話の流れに……。

勝敗やいかに!?

「よし、りんご持って来い！」と妻に指示を出すBさん。妻が慌てて、りんごと果物ナイフを持ってきて私たちの前に置きました。

Bさんは、危なっかしい手つきでナイフを手に取り、いざ、尋常にリンゴの皮むき勝負！

「じょんずに皮むけたほうの勝ちだはんでな。へば、競争な」とBさんの掛け声で勝負開始。隣で奥さんがハラハラしながら見守っています。

さすがにBさん、言うだけあって手慣れた手つきです。お互いにリンゴの皮をむきながら相手の手の内を確認。より、細く長くを意識し、しかも途中で切れないように慎重に皮をむいていきます。勝負は一進一退、最後までわかりません。そして、いよいよ、皮をむき終えるその瞬間、Bさんのリンゴの皮が切れました。あらら、勝っちゃった……。その瞬間、すかさずBさんが「もう一勝負！」いよいよ何し来たんだか(笑)。

でも、これって、真剣だし、手先を使うから青森独自の介護予防にいいかも？　なんて、奥さんから鼻息荒くリンゴを受け取るBさんを見て思うのでした。

研修の必須アイテムは
アメちゃんとコント

多様な県民性に共通するブツ

兵庫県は神戸のような大都市もあれば、山岳部も離島もあり、「日本の縮図」と言われています。さらに5つの旧国（摂津・播磨・但馬・丹波・淡路）にわかれ、それぞれの地域性がかなり異なりますから、一言で県民性を言い表すのは難しい……、いい意味で多様性のある兵庫県。そんな兵庫県のケアマネジャーに共通する特徴が「研修会」の中で見られます。

兵庫県のケアマネジャーを対象とした研修会は、兵庫県介護支援専門員協会主催の研修や法定研修、地域で行われる研修など、主催者や種類を問わずグループワークなどの演習が多い傾向にあります（というより、ほとんど演習です）。そのため、研修会に一度参加すると、一緒に演習をした方々と知り合いになりやすいのですが、その効果を高めているのが「お近づきの印」の「アメちゃん」です。アメちゃんというと「大阪のおばちゃん」文化だと思われがちですが、兵庫県のおばちゃん、もといケアマネジャーも負けていません。お昼休憩後、テーブルの上には、グループの人数分の種類のアメちゃんが置かれています。5人いれば5種類のアメちゃんが。そう、みんなが供出するのです。グループメンバー間の親密さを計るには「テーブルの上のアメちゃん」を見よ！　なのです。

コントみたいな独りロールプレイ

研修会でよく見られる現象がもう一つあります。休憩時間に行われている「プチ・事例検討会」で実演される「独りロールプレイ」です。事例を説明している相手に、事例の臨場感を伝えようとすると熱が入り、ついつい登場人物を演じてしまうのでしょう。時には落語のように複数の役を演じており、遠目に冷静に見ていると「独りコント」にさえ見えてきます。

多様性を、アメちゃんとお笑いと熱量でカバーしている兵庫のケアマネジャー。これからの日本の多様性を担うヒントがここにあるかも（笑）。

広島編

野球と牡蠣と仁義なき戦い

カープと牡蠣が大好き♡

広島人は勝っても負けても広島東洋カープの大ファンです。ですから広島のケアマネは初回訪問で「今年のカープは……」と切り出せばあっという間に信頼関係ができちゃいます。ぐるっと部屋を見回し、選手名の入ったユニフォーム、Tシャツ、カレンダー、応援バット、うちわなど、真っ赤なカープグッズがあればすかさずいじったりレアもの自慢を聞いたり。訪問日には新聞で昨日の試合をチェックするのは、もはやケアマネ業務の一環です。でも調子に乗って「スタジアムに行く」なんて支援目標にするとたちまち驚異的なリハビリが始まるので要注意です。それだけカープ愛に溢れるのが広島人。

そして、カープ同様に、広島人がこよなく愛するのが冬の味覚の代名詞、牡蠣です！　冬になると広島の街のあちこちで牡蠣小屋がたち、お酒と一緒にいただくと……くぅ堪りません。もちろん、家の食卓でも、飲み会でも、お好み焼きの具でも、どこへ行っても牡蠣尽くし。しかぁし、ケアマネを含む介護事業所の職員にはひそかに牡蠣禁止令が下されます。そう、ノロ対策のためです。利用者さんのために、涙を飲んで、大好きな牡蠣をガマンします。何と言ってもプロですから。でもまぁ、カキフライなら大丈夫でしょって隠れて食べちゃうけどね（どうした？　プロ意識）。

仁義なき……

映画「仁義なき戦い」さながらに牡蠣抗争を繰り広げるケアマネ（ただ、牡蠣を我慢するだけだけど）。利用者さんとも抗争が勃発します。デイに行く、行かないの話から急に不機嫌になって「われぇ、たいぎいんじゃボケ！　いちいちうるさいんじゃ」「ぶちまわされたいんか？」と菅原文太級の凄みを見せますが、「マツダスタジアム、応援に行くんでしょ」のケアマネの言葉を聞いたとたんに可愛い笑顔に。こんなギャップ萌えがたまらないのが、まさに広島じゃけん。

第5章

ケアマネ魂！

Episode 1

敷居の向こう側で目にする現実あるある

～本人支援の一環としての世帯支援～

家の敷居をまたぐという仕事

ケアマネジャーの仕事って一体なんでしょう。誰が対象となるのでしょうか。日々出会う利用者さんや家族にも最初の段階から求められるごくごく初歩の質問なのですが、実は奥が深くて難しいものだとも感じます。

この頃考えます。ケアマネジャーの仕事の一番大きな特徴って「家の敷居をまたぐこと」なのかもしれないなと。アウトリーチとか訪問面接って、今でこそこんなにメジャーになりましたが、これを当たり前にしたのは、実はケアマネジャーかもしれないですよ（えへん）。

これまで福祉の相談は、どこかの窓口に座った職員が、電話や来所された方から受けるというスタイルが主でした。もちろん、保健師やケースワーカー等の訪問相談もありましたが、一部の対象者に限られていました。なのに、私たちケアマネジャーは、すべての利用者さんのご自宅を訪問して相談を行うことを基本としているのです。

敷居をまたぐと、見えざるものが見えてくる

その家の敷居をまたぐ。右足を出して、ひょいっとまたげばいいんでしょうと思われるでしょうが、いやいや、そう簡単なことではございません。敷居の向こう側をちょっと想像してみてください。そこには、利用者さんや家族の暮らしが存在しています。そして、ケアマネジャーが敷居をまたぐと、時には見えざるものが見えてきます。それは、相談窓口や面接室ではけっして見えてこないものでもあります。

ある日の初回訪問の話。それより以前に、来所にて介護者である夫から相談を受けていたケースです。認定調査に同席させていただき、その後に、利用者本人と初めての面接相談をいたしましょうという段取りになっていました。

さて、いざ訪問。通された客間には、私と認定調査員。そこで介護者である夫が、「では、今、本人を呼んで来ます」とおもむろに立ち上がり、奥の部屋をあけたとたん、疑問符が頭に浮かびました。来所相談時にはたしか高齢者夫婦世帯と聞き取りをしていたお宅でしたが、私の目にはもう一人の住人が見えてきました。年の頃は50代？　息子さん？

あなたには、できますか？　見て見ぬふり

本人がゆっくりと手すりで移動してこられる間に、同行した調査員に尋ねました。「ねぇ？　調査員さん、今、もう一人お部屋に人が見えませんでした？」。調査員は、「え？　ケアマネさん、やめてくださいよ。怖いこと言わないで。ほら鳥肌たってきた。その手の話は苦手なんですよ」。

あれ？　私だけに見えているのでしょうか？　そういえば、私最近疲れ気味かしらと考え込もうとしたところに、本人と夫が到着。はたと思い直して、やっぱり見て見ぬふりはできません。「えっと。この家は何人暮らしでいらっしゃいました？」と質問を投げかけると、すかさずにご夫婦口を揃えて「夫婦二人暮らしです」。二人のきっぱりとした返答に一瞬ぐらっと怯みそうになりましたが、明らかに五感で感じる別の住人の生活の痕跡を根拠に、再度挑みます。「今、奥の部屋に見えた方はどなたですか？」。すると、夫が、見られたからには仕方ないという表情で「実は、あまり言いたくなかったのですが、うちには引きこもりの息子がおりまして……」と切り出されました。いわゆる8050世帯だったのです。

本人支援の一環としての世帯支援

認定調査を終えてから改めて行った、その日の面接は、本人支援とともに、息子さんの支援の話にも発展していきました。ご夫婦は、リストラされたことをきっかけに、引きこもってしまった息子さんを心配し

ながらも、どう接してよいかわからず腫れ物に触れるかのように扱い、見えざる同居人としてその存在を世間から隠してきたようです。それが、この度、本人の介護支援が必要になったことでケアマネジャーの目に触れてしまいました。これがこの世帯に起こっていたことなのでした。

利用者本人の生活課題には、少なからず同居家族の課題も絡んできます。ケアマネジャーの仕事の中核は、あくまで本人支援であることはブレることはありませんが、本人の生活や人生を支えようとした時に、本人が大切にしている家族の支援は見過ごせないものだと実感します。

もちろん、ケアマネジャーだけですべての世帯支援は行えないため、この先、自分が目にしたこの世帯のSOSをどこかの相談支援機関につなげ、しかるべき誰かと一緒に協力して支援を続けていくこととなると思います。

本人支援の一環としての世帯支援、こういう敷居の向う側で目にする現実あるあるを共有していくことが、これからのケアマネジャーが抱える課題の一つなのでしょうね。

丸ごと支えますとも

Episode
2

右を見ても、左を見ても研修ばかり

資格のはじまりは研修のはじまり

皆さん、この頃、研修疲れしていませんか？　法定研修の時間数がぐんと増え、カリキュラムの難度も上がっています。

思い起こせば、ケアマネジャーになるための試験に合格した時も……「合格できた！」という喜びを噛み締める間もなく研修の嵐が待っていましたよね。そう、この試験はよく見ると、「介護支援専門員実務研修受講試験」という名称でした。この先の必修研修を受けるための資格にすぎなかったわけです。

研修中、穴をあける職場で肩身の狭い思いをしながら、なんとか44時間の実務研修を終え、介護支援専門員の登録をしたら、今度は次々とやってくる職場内外の研修の嵐を乗り越えながら実務を行っていくことになります。さらに5年ごとに更新研修を受けないと、仕事自体が続けられません。否応なしに私たちは学び続けることを求められる職種だということです。

受講せども受講せども……

ケアマネジャーの質の担保のために必要な研修であることは重々承知の上ではありますが、どれだけまじめにケアマネジャー業務を行っても、必修研修以外に、夜ごと休日ごとに自分の時間とお金を削って研修を重ねても、私たちが心を込めて作ったケアプランを「金太郎飴プラン」だとか「御用聞き業務」だとか「ケアマネ不要論」というマイナスのレッテルが貼られ続けているのは釈然としませんよね。個々の努力が評価されない一律の仕組みには疑問を感じてしまいます。自信のなさは棚に上げた上で、いっそ運転免許制度のように、5年間無事故無違反のゴールド免許証をもつ優良ケアマネジャーには、「優良ケアマネ更新講習」とか銘打って30分ほどのビデオ学習で更新を済ませられるようにならないものでしょうか……なんて愚痴の一つも言いたくなってしまいます。受講せども受講せども、わが専門性認められず、じっと手を見る……。

研修の内容にケアマネへの期待が示されている

さんざん愚痴をこぼしましたが、研修の内容に目を落としてみると、なるほどケアマネジャーとして必要な知識や技術、価値がつまっていることは納得できます。それはつまり、専門職としてのケアマネジャーに寄せられている期待であるとも受け取れます。住み慣れた地域でその人らしく最期まで伴走できるだけの医療的知識を備えていてほしい、利用者さんのみならずその家族をも支援できるファミリーソーシャルワークの価値を体現してほしい、個別課題から見えてくる地域課題へもアクションを起こしていくコミュニティソーシャルワークの技術も身につけてほしい等々。カリキュラム内容を見るとどの研修もケアマネジャーとして意味のないものはありません。もう一度、受講した研修内容を振り返り、ケアマネジャーへの期待を噛みしめてみるのもよいかもしれません。

さよなら研修評論家

ところで、研修の時間数が増えた昨今、目につくのが、研修会場に必ず現れる「研修評論家」の存在です。どんなによい薬も飲みすぎると毒になるもので、これは、誰が悪いわけでもなく、ケアマネジャーの研修時間や量の多さの副作用だといえます。

研修評論家は、心の中で講師に語りかけます。

「あなたは数々の研修を受けている私を満足させる講義をできるかしら？　さあ、聞かせてもらいましょうか」と。

あからさまに斜に構えた態度で受講する人は少ないものの、実は多かれ少なかれ私たち受講生の誰しもが胸の中にこの小さな評論家を抱えているように思います。こうした態度ではせっかくの研修も実になりません。自分の中の研修評論家を打ち負かす方法はただ一つです。「一体誰のために学びを得ようとしているのか」というところに立ち返ることです。私たちケアマネジャーは、より良い利用者支援のために、期待され必要になる価値・知識・技術を身につけるために研修を受けているのです。

研修を積めば積むほど知識は増えますが、一方で、自分が何も知らないという事実とも向き合っていくことになります。考えてみれば、私たちは、私たちの出会う利用者さんのこともまったく知らないところから関係構築を始めます。付き合いが長くなってどんなに知ったつもりになっても、完全に知る（理解する）ということはないものです。つまり、もっと知りたいという気持ちをもって受講すれば、どんな研修からもどんな事柄からも学びがあるということです。誰のための研修なのかに立ち返り、そして自分の知っていることなど大したことではないとわきまえて、自分の中の研修評論家とさよならしましょう。

バイバイしましょう

Episode 3

ケアマネジャーの質って いったい何なのさ？

不断の（普段の）ケアマネジメントの質

ケアマネジャーになってから時間の流れが早くなった気がします。月の初旬は実績の確認、給付管理から始まり、気がつけば、あっという間に月末が目前に迫り、来月の予定を確認し、ケアプランを作成し、モニタリング訪問をし、あー、一か月、一年が本当にあっという間に過ぎていきます。

そんなドタバタの日々の中で、研修受講の機会は、立ち止まって考えるよい機会となっています。本日の研修のテーマは、「いま問われているケアマネジメントの質～介護支援専門員（ケアマネジャー）の資質向上と今後のあり方に関する検討会を通して～」。よし、今日は、どっぷり、ケアマネジメントの質について考える日としようではありませんか。

講義の冒頭、講師の重厚な口調に姿勢を正します。「介護保険制度においては、利用者の尊厳の保持を旨とした自立支援を実現していくことが重要である」（ふむふむ）。「そのためには、介護支援専門員による適切なケアマネジメントは必要不可欠であり」（ふむふむ）。「その質の向上のために不断の努力が求められるものである」（ふむふむ……ん？　フダン？　不断それとも普段かしら？）。ここで、急に普段かかわっている利用者さんの顔や、さまざまな場面が思い出され、思考が停止。質の高いケアマネジメントって？そのための不断の努力？　普段やっていることと不断にやっていくことはイコール？　これはただのダジャレか？

固有のQOLにかかわる仕事

迷える子羊をよそに、講義はどんどん進行します。「ケアマネジャー業務の目的は、利用者のＱＯＬの向上を目指している」。「さて、ここでグループワークをしましょう。ＱＯＬってなんでしょう。自分の言葉で説明してみましょう。まずは個人ワークで取り組んでみてください」と講師が私たち受講生に問いかけます。

「ＱＯＬの意味？　ＱＯＬってつまりＱＯＬだよ、だからＱＯＬはＱＯＬやん」と。黙って行う個人ワークにもかかわらず、心の声が思わずポロポロと漏れてしまったようで、周りの受講生からジロッと睨まれ、今度は嫌な汗が吹き出します。えっと、心でつぶやくんだぞ、私。

「ＱＯＬは日本語にすると、生活の質、いや究極、人生の質。それはわかるけど、質ってそんなの各ご家庭のカレーライスの味が違うみたいに、人によって違うってことでしょ。うちは、バー●ントカレーの中辛が好きだけど、たまには圧力鍋でつくった口溶け柔らかな牛すじカレーが食べたい時だってあるわけだし。あー、あの質感、たまんない。そうだ、今日はカレーにしよう。金曜日だし！　ってうちは横浜海軍かよ。ありゃ、なんの話だっけ（汗）」。

　その後、本日の研修の中で、ＱＯＬという個別性、固有性のあるものを大事にしていくことが、対人援助職としての私たちケアマネジャーの専門性であるということが確認できた次第です。

数字に表せない質の評価

　研修終了後の余韻に浸りながら、職場への帰り道に考えます。

「ではでは、ケアマネジメントの質は、どうやったら向上したといえるのだろうか……。質のわかりづらさって、この評価のしづらさとイコールなのかもしれない。質って誰がどうやって評価することができるんだろう。世の中で、万人が結果にコミットしているって認めているものって何？　そうだな、ダイエット商品に置き換えてみると、「体重が減った」とか、体脂肪や基礎代謝の数値でも評価ができるな。腹囲も測れるし、その結果、服のサイズがダウンしたことだって評価できる」。

　こうして考えてみると、いずれも数字や量で見ることができる評価軸ばかりだと気づきます。

誰にでもわかりやすいのが数字の評価。ケアマネジメントの質を数字で表すことはできないかしら。「要介護度が改善した」、「サービスの量が減った」。うーん、確かに数字的にわかりやすいかもしれないけれど、それが、必ずしも利用者さんや家族が満足するケアマネジメントの質の向上とイコールとは言えない気がします。だって単に、関係性が崩れて支援拒否に至ったケースだってサービス量は減少するわけだし。

質って誰がどうやって評価するの？

それに、質を「誰が」評価するのかという軸も大事。専門性からみると、適切なアセスメントから導き出されたエビデンスに基づいたケアマネジメントであることが高い質につながるわけだけど、一方でもちろん、主体者である利用者さんや家族からの評価は中心に置かれるべきでもあって……、かといって、あまりにも根拠なき「言いなりプラン」は質が良いとは言えません。

つまりは、ケアマネジメントの質って利用者さんにとってどうか、専門性としてどうかと、多面的に多軸的に評価していかないとならないものなんだと思います。改めて、ケアマネジャーの仕事って、奥深いなあ、と職場にたどり着いたところで、顔をあげるとほら、普段の仕事が待っています。

よくない！
good!
まあまあですね…
上司
行政
家族
いろいろな見方があるなぁ…

↑奥が深いのです

Episode 4

これからのケアマネジャーに求められる資質とは？

～KKDからEBCへ～

よく当たる占い師のようなケアマネ

「あなた、恋愛で悩んでますね」。

薄暗い夜道の片隅の一対一のブースで、紫の布を頭からかぶって、水晶のような玉をなぞっていた占い師が言いました。

「えー。なんでわかるんですかー？　すごーい」。

若い女の子たちがキラキラした声で感心しています。道端の占い師とうら若き女子たち。

その横を通り過ぎる時に、小声で「そんなん、当たり前やん」と思わずつぶやく私。なぜ、当たり前かって？　そりゃ、10代、20代の年頃の女子は、大概恋愛の悩みを抱えていますでしょう。私も昔は女子だったた経験上よくわかります（笑）。

そんな私の現職はケアマネジャー。もし、街頭の占い師として転職したなら、そこに立ち寄る高齢者には、きっとこう言いますね。

「あなた、健康問題で悩んでますね」と。

人はライフコースごとに、その年代特有の課題とそれに伴う不安を抱えながら生きています。ケアマネジャーも、ある意味占い師も、広くは同じ対人援助職と言えます。人が人を援助していく以上、人として経験上予測のつくことも多くあるよなあ、なんてことを思いながら夜風に吹かれていました。

まるで脱水教の教祖様

経験を積んだ先輩ケアマネジャーには感心することばかりです。私の先輩は、前職の看護師長としての長年の経験をお持ちの方だったので、言うこと成すこと、説得力が半端ないのです。

「あなた、それは脱水よ。すぐに病院に行かなきゃ、大変なことになるわ」。ひと目見て言い放った先輩ケアマネジャーの強い言葉に後押しされて、病院に駆け込んだ利用者さんの家族からその後に電話が入りました。「ありがとうございました。うちのおじいちゃん、おっしゃるとおり脱水症状が出てたみたいで、もう少し遅れてたら大変なことになってたって、主治医の先生から言われたんです」。

すぐさま、先輩に聞いてみました。「先輩には、どうして脱水がわかったんですか?」。すると先輩は、あっけらかんとして「あらあなた、お年寄りを見たら脱水を疑わなきゃ。年頃の女の子の不調には妊娠を疑うのとおんなじ」。先輩、これから先輩のことを脱水教の教祖様とお呼びしてよろしいでしょうか。

古き良きKKDの時代

「KKDで仕事をしてはいけない」。

とある研修で、講師が言っていた言葉です。KKDとは、つまり、カン(勘)とケイケン(経験)とドキョウ(度胸)の3点セットのことです(頭文字をとってKKD)。職人の世界ではこの3点セットが「腕がいい」とされる基準だったという説があるとかないとか。

刑事の勘、職人の勘なんてよく言いますよね。勘っていい意味でも使われます。そういえば、整形外科の医師で、レントゲンを撮らずとも「肋骨の何番目が折れてますね」とピタリと言い当てる凄腕の先生がいたっけなぁ。背中にそっと手を当てるだけとかで「ゴールデンハンドパワー」と噂されてたのを思い出しました。あれは、何だったんだろう?

ともあれ経験上、頼りになる先輩は、みんなKKDを共通項として持っていると思いませんか? 私はというと、どれにも自信ないです。ケイケン(経験)だけは、年々増えていってますが、カン(勘)やドキョウ(度胸)はどうやったら培うことができるのでしょうか。いっそ、清水の舞台から飛び降りてみようかしら……。

でもなぁ、私もこれからKKDを磨くぞ! っていうのは、時代的にちょっと違う気がしますね。

求められるEBP

アルファベット3文字といえば、最近、よく聞く言葉があります。それは、ＥＢＰとかＥＢＣとかいう言葉！　これは、エビデンスベースドプラクティス（evidence-based practice：EBP）の略語で、「実証された科学的根拠に基づいた実践」という意味ですが、どうやらそこから発展して、ケアマネジャーには、根拠に基づいたケアプラン（ＥＢＣ）が求められているとも言われています。

ふと先輩に聞いてみました。

「先輩が先日の利用者さんを脱水だと言った根拠を教えてください」と。

すると先輩は答えてくれました。

「そもそも高齢者は、体内の水分量が減少しているの。成人が60％だったら高齢者は50％。喉の渇きが感じにくいということもあるわね。あの利用者さんの場合は、さらに持病もあって利尿剤も服用されていたでしょ。ご家族に聞いたら床頭台にあった湯呑のお茶を一杯飲んだか飲まないかだと言ってたわ。あの湯呑の容量は多くて１５０ミリリットル、一日の水分摂取量の８分の１にも満たないってわけ。身体症状からも観察できるわね。唇の乾きや皮膚の乾燥、それに微熱もあったわよね」。

ちょっとした好奇心で聞いたとたんに始まった先輩の「脱水」講義にぐうの音もでませんでした。ぐう。あ、出た…。

いつの時代も経験は重要。経験に基づく勘と度胸もあればなお良しだと思うけれど、でもこれからのケアマネジャーに求められているものは、こういう「ケアプランの根拠を言葉にしていく力」なのかもしれないですね。先輩、脱水教だとか、ＫＫＤとか言ってごめんなさい。

Episode
5

介護保険改定に踊らされるは ケアマネジャー

ケアマネの３Ｋ！

きつい、汚い、危険といえば３Ｋ職場のことですが、ケアマネジャーに関連が深い３Ｋといえばなんでしょうか？　それは、すべて「カ」ではじまる言葉。そうです。加算、改定、介護保険ですね！　カサン、カイテイ、カイゴホケン！　ケアマネジャーが遵守する介護保険法には、３年に一度の改定があります。

改定された項目は私たちの日常業務に大きく影響するものであり、ひいては、担当する利用者さんの生活にもかかわってくるものだから、ドキドキハラハラしながら注目しています。どんな加算が新設されるのか、それこそ審議会で何が話し合われているのか、というところから敏感に情報をキャッチします。

さてさて、２０００年ミレニアムに介護保険制度が施行されてから、次で何度目の改定になるでしょうか。

毎度苦しいケアマネ答弁？？

もちろん、モノゴトを一面で捉えるのは良くないと知りつつ、改定のたびにニュースを騒がせるのは、ネガティブな面です。特に利用者さんや家族が敏感になるのは、もちろん、費用負担に関する改定。生活に直結する話題は、ケアマネ業界だけではなく、全国ニュースでお茶の間も賑わせるわけで。そんな月にモニタリング訪問をすると、利用者さんは新聞の切り抜きを準備して待ち構えています。

「ちょっとちょっとケアマネさん、うちはどうなるんだい？」と。

心の中で、キター！　ソリャソーダ！　と妙に納得して深く頷きます。介護者の奥さまは矢継ぎ早に質問を浴びせてきます。

「いや、ですから、３割負担になるのは、現役並み所得の方が対象でして。こちらのお宅でお聞きしている年間所得ですと、これまで通りかと……」「ええ、ええ、将来の施設入所のことまで不安になりますよね。預貯金も含めてというところには、へそくりやタンス預金も確かに含まれるわけで……」。いつもの訪問が、いつの間にかケアマネ版の国会答弁と化してしまいます。

今だから笑える「加算」も

とりわけ、介護報酬の改定について近年の動向としては、「○○加算」というものが絶賛増殖中。加算と一言でいっても、過去には、クエスチョンがいっぱい浮かぶフシギ加算も含まれておりました。中でも、理解に苦しんだのが「独居加算」。何をもって独居というのか、毎月の給付のたびに疑問が行き交っていたのが今では懐かしいです。

『独居高齢者加算は、利用者からケアマネジャーに対して単身で居住している旨の申し立てがあった場合であって、ケアマネジャーのアセスメントにより利用者が単身で居住していると認められる場合は算定できるものとする（老企第36号第3の15参照）。』

ということは利用者さんが「独居ですよー」と申し出てくれて、ケアマネジャーが「独居ですねー」と認めることが必要ということ。それだけなのですが、それが意外に難しい。さらに細かく見ると、ケアハウスなどの集合住宅はバツ、日中独居もバツ、家族の長期出張はマル、家族の数か月の長期入院はマル。自治体によっては、独居であることを証明するために利用者の住民票まで取り寄せろと言われる始末。じゃあ、その住民票の料金、誰が負担するんだと事業所ではヒトモメフタモメ。おまけに毎月のモニタリング訪問では「今月も独居でした」と確認したという記録を示せとまで求められました。その後、基本報酬に一本化された独居高齢者加算ですが、今ではちょっと笑って思い出します。

改悪と呼ばれない改定を！

さて、次回の介護保険制度の改定に向けた動きがすでに始まっています。特に私たちにとって気がかりとなっている「居宅介護支援費の自己負担導入」についての論争も再燃しそうな気配です。なんでも「自己負担がないことで、利用者側からケアマネジャーの業務の質についてチェックが働きにくい構造になっている」と問題提起がされているとか。お金の問題と質の問題を同じテーブルに乗せるとは言語道断な問題提起ですが、この苦しい提起の背景には、少産多死・人口減少超高齢社会、ヒトもカネもない厳しい未来予測があります。おそらくホラー映画を見るよりもずっとずっと恐ろしい現実がそこまで来てますよ。

ケアマネジャーは、これから先も、毎度毎度の改正に踊らされることでしょう。それでも、なんでも、ケアマネジャーは、誰のためにいるのかは揺るがない存在でありたいですね。改悪と呼ばれない改定につながることを願って、最後に言っておきましょうか。「いいか。事件は会議室で起きているんじゃない！　現場で起きているんだ‼」

団結も大切です

Episode
6

板挟みはツライけど

～挟まれながら寄り添うケアマネジャー～

挟まれながら寄り添う

私たちケアマネジャーは利用者さんと家族、利用者さんとサービス事業所、利用者さんと医療者、さまざまな間に挟まれる仕事ですね。それぞれの相談や要望に一生懸命に耳を傾けるため、時にぐちゃぐちゃに混乱してしまいます。それでもどんな時でも一番大切なことを忘れてはいけません。それは利用者さんの代弁者として、利用者さんの側に寄り添うことです。

困った時のケアマネ頼み

ある日、B施設の職員から「Aさんが近頃、歩行状態が不安定になってきています。そろそろ別の施設への移行を考えたほうがいいかもしれませんね？」と連絡がありました。そして同じ日に前後して家族からは「B施設から転居してと言われたのだけど、どうしたら良いですか？」と連絡が。双方の言い分に行き違いがあり、施設側と家族側に対して、「まずは私のほうで事実の確認をしてみますね」とフォローをします。すると今度は利用者本人であるAさんから「B施設にいられなくなるの？　どこにも行きたくない」との相談。

三者三様、みんな困った時のケアマネ頼み。ケアマネに頼めば何とかしてくれると思い、それぞれが相談してこられます。困った時に思い出してもらえるなんて相談職冥利に尽きます。「ありがたやー」。って手を合わせている場合ではないですね（汗）。

日本語って難しい！

さぁどうしようか。まずは、それぞれの相談を紐解いていきましょう。まずは振り出しに戻ってみましょう。最初の発言はB施設の職員からでした。その際、施設側は「そろそろ」と言っていました。「そろそろ」が一つのキーワードです。「そろそろ」は曖昧な言葉だけど、とてもソフトで使い勝手がいい言葉です。ただし、気をつけて使わなければ、受け手のコンディションによっては意味合いがずいぶん広がってしまう言葉でもあります。「まだ大丈夫」という安心にもつながれば、「早めに次のこと考えなければ」と焦りを生むこともあります。ホント、日本語って難しくって苦手だわ。かといって、英語が得意ということもありませんが（笑）。この捉え方によってさまざまに姿を変える言葉に惑わされず、ケアマネジャーとしてはAさんの「そろそろ」を事実として考えます。

私たちの頭もフル回転！

ここからは、いわゆる統合的アセスメントに取組みます。Aさんの状態は？　施設の対応は？　家族の支援は？　利用しているサービスの内容は？　まるでパズルを組み立てるみたいに頭の中でいろんなパターンを考えます。時にこのパズルがカチッとはまった瞬間の何とも言えない達成感がケアマネの醍醐味の一つかもしれません。

「さて、Aさんのパズルはどうやったらはまるかな。施設側がなぜ、この段階で転居を提案してきたのだろうか。今？　数か月後？　数年後？」といったように時間軸でも考えます。「利用しているサービス量は？いわゆる介護の手間は？　これまでと何が変わったの？　徐々にできていたことができなくなってきているのか？　何か原因があるのかな？　あるいは、家族の状況も変化したのか？」などなど、パズルゲームを解くように頭をフル回転させます。

板挟みは安心感

話はそれますが、板挟みになれるのは周りの皆さんのケアマネジャーへの信頼の証でもあります。この人に相談したいと認めてもらえたケアマネジャーだからこそ、心の内に秘めたわがままも悩みも打ち明けてくれます。一緒に悩み、解決してくれる、解決までいかなくても寄り添ってくれるという安心感が板挟みの原因かもしれません。

それにしてもと、ウィンドーガラスに映った自分の姿をまじまじ見つめます。いつもいつも板挟み状態なのですから、私の身体もほっそりしてきてもよさそうなものですが。

板挟みを超えて

板挟みにもいろいろなパターンがありますが、今回は、Ａさんの事例をご紹介しました。場面を振り返ると、状態に応じた別の施設への転居を勧める施設職員と、慣れ親しんだ現施設から転居したくない利用者さん（家族）との調整でした。もちろん、ケアマネジャーとして、利用者さんの利益を損なわないように十分に施設職員と交渉の努力をしていく必要がありますが、施設のもつ機能によっては、いずれは限界が訪れることも確かです。

Ａさんが入居しているＢ施設は、そもそも自立型のお元気な方を対象としている施設でした。そのため、介護度があがった際には転居することを入居契約時にＡさんも約束していたそうです。看取りまでを見据えた終の住み家としての機能をもつ施設も増えてはきましたが、まだまだ入居時にこのような契約条件を出している施設もあります。

実際にＢ施設で過ごしていくことが難しくなってきたその時は、転居も視野に入れて、全員が納得できる形での結論を出していかなければなりません。Ａさんの気持ちがわかるだけに、Ａさんにとって不本意な転居という決定を支えていくのはケアマネジャーとしてもつらいところですが、それまでの経緯、努力を共有してきた利用者さんや家族と最後まで伴走します。

現にＡさんは納得の上、別の施設に移ることを自ら決めました。いざ転居の際に「今まで、ありがとう。相談事があって電話をしたらすぐに来てくれてありがとう。相談事でなくても顔を見に来てくれてありがとう。あなたに会えなくなるのは寂しくなるけど、たまには遊びに来てね」と電話をくれました。一抹の寂しさと、これまでの板挟みの苦労は間違いではなかったという思いが交錯する瞬間でした。

Episode
7

ケアマネだって
看取りを支える仲間だもの

医療と介護の連携プレー

がん末期の方の支援は基本、医療ニーズが重視されます。しかしながら、影にかくれているからって生活ニーズが大事じゃないわけではありません。がんの病状や年齢によっては進行が早く、急激な状態変化に伴うケアマネジメントも急務です。病院で行われるカンファレンスでは、ケアマネジャーももれなく参集され、利用者さんの経過について確認し合い、退院の時期を見計らい、ここぞというタイミングを逃さずに在宅支援を開始します。

在宅療養・在宅介護が成立するには医療と介護の連携プレーが不可欠となり、これから何が待ち構えているかわからない状況の中、利用者さんは住み慣れた我が家へと退院していきます。

看取りにケアマネは必要？　不要？

利用者さんの退院が決定し、在宅生活が始まりました。いざ、その場面になると、まずは圧倒的に医療ニーズが優先されるため、生活ニーズがどこかに押しやられ、あれよあれよとケアマネ不要論が勃発します。ケアマネジャーであるあなたは介護申請手続きだけの存在と、いつの間にか忘れさられてはいないですか？　退院前カンファレンスで固く誓い合ったはずの医療・介護連携の道筋はどこに行ってしまったのでしょう？　私たちケアマネジャーは介護保険の申請代行をするだけの存在ではないはずです。

でも勢い込んでかかわろうにも、利用者さんが在宅生活を送る上でのコーディネートを医療職が担うのか、ケアマネジャーが担うのかという場外乱闘ならぬ場外論戦が始まってしまい……。在宅での生活が進むにつれ、症状の変化を迎えるにつれ、ケアマネ不要論に拍車がかかってきます。やがて、医療職側の報告が徐々に減っていき、ケアマネジャーが訪問すると何となく居心地の悪さを感じるようになり、いよいよ「私は不要かしら？」と気弱になっていきます。こんな時、皆さんも「医療ニーズが高いケースにケアマネジャーは必要なの？　不要なの？」と悩んだことはありませんか？

ケアマネと看護師は看取り支援の２枚看板

時は無常にも流れ、いよいよ看取り期となり、利用者さんにとっても家族にとってもつらい時期がやってきます。医療介入の頻度も増え、訪問診療、訪問看護がひっきりなしに交互に自宅での生活を支えます。利用者さん、家族に対する医師からの病状説明の頻度も増えます。ここでケアマネジャーのできることといえば、ケアマネジャーは医師の説明の翻訳者となり、わかりやすく噛みくだいて、利用者さん、家族に伝える役目を買って出ます。ケアマネジャーも、また訪問回数が増え、利用者さんの最期を見届ける準備を自然としていきます。翻訳者として以外に「私に何ができるだろうか」と悩む時期でもあると思います。それでも利用者さんや家族と向き合い、医師や看護師の話を一緒に聞き、看取り期ならではの連携の検討をしていきます。

「ケアマネは不要ではなく、一緒にいて、一緒に考えてくれるその存在こそが私たちの支えになっていくんだよ。利用者さんや家族の本心を聞けるのはケアマネであり、看護師でもある。その２枚看板の専門職が連携してくれたら、安心して在宅看取りができる」

これは、一緒に看取りを支援した医師から言われた言葉です。看護師とケアマネが２枚看板なんだとしたら、ケアマネジャーとして私ももっと頑張らないと！踏みとどまる力と自己肯定感を与えてくれた医師に感謝しています。

看取りへの不安を抱えながらも、利用者さんや家族と真摯に向き合っていくことで、きっと医師や看護師の心を動かせるはずです。

ケアマネ不要論に負けない！

やがて、その時はやってきます。ケアマネジャーとして担当した利用者さんが亡くなり、家族のもとに最後の訪問に伺います。「あまり、お役に立てなかった」とどうしても引け目を感じてしまいがちな場面です。「一緒に看取ってくれてありがとうございました。母もケアマネのあなたに感謝していると思います」

思いがけずこんなふうに家族から言葉をかけてもらって、励まされ、勇気づけられた経験はありませんか。

医療ニーズが優先される状況の中で生活ニーズを支える私たちケアマネジャーは躊躇し、逃げ出したくなる場面も多々出てきます。しかしながら、医師や看護師と連携をはかるコーディネート力はこうした場面でこそ磨かれるものです。そうしてケアマネ不要論をものともしない精神力を身につけて、これからも看取りを支える仲間として頑張りましょう。

不要の滝に打たれて……

Episode
8

家族支援も大切な仕事！

また、怒ってしまった

「炊飯器の中のご飯、固くなってしまっているよ。もう食べられないから捨てるね」と娘が言うと「何？　まだ、食べられるよ。なんでそんなこと言うの？　どこが食べられなくなったっていうの」と攻撃的な口調で言い返すおばあちゃん。

「どうやって付き合っていったらいいのか……、びっくりするほど非常識なことをやろうとするからダメって言うでしょ。そしたらすごい剣幕で自分のほうが正しいって怒るし。家にいながら家に帰るとか、死んだお父さんが生きてるとか、ありもしないようなことをあるって言うから、否定するでしょ。そしたらまた怒る。24時間そんなことが続くと、つい、私も怒り口調になってしまって……」

認知症がありながらも自宅での生活を続けている親の介護をしている家族は多かれ少なかれ、誰でもどう対処すればよいかを悩んでいます。そして、わかってはいるけど、つい相手の口調に負けないように大きな声で言い返してしまい、後悔をしてしまいます。

支援チームにもアセスメント力を発揮

ケアマネジャーはあくまでも利用者さん本人の担当で、利用者支援が主業務となります。利用者さんが自立した生活を送れるようチームで支援します。そして、多くの場合、そのチームには家族も含まれます。家族は利用者さんにとって、一番身近な理解者であり、支援者です。チームの一員である家族が悩んでいるのは私たちとしてはほおってはおけません。だから支援チームのそれぞれに対してもケアマネジャーとしてのアセスメント能力を発揮。家族やサービス事業所の状況を把握します。

「最近、お疲れのようですが気になっていることがありましたか？」とモニタリングで訪れた際、家族に問いかけます。

「こんなこと言ってもいいのかしら……」と少し戸

惑い気味の家族に「どんな小さなことでもいいのでお話しできるようであればおっしゃってください」と伝えると娘さんは話し始めました。

ダメってことないよ！

「実は……。私は良かれと思って冷蔵庫に入っている期限切れのおかずを捨てたり、散らかっている部屋を掃除しようとするでしょ。そうすると必ず怒られるんです。お母さんは自分でできるつもりでいるから、手をかけさせてくれません。そのままでいいと思いながらも、どうしても目につくとつい言ってしまって……。顔をあわせる度に2人で怒鳴り合いになってしまって……。それが嫌でお母さんのお家に行くのも嫌になってしまうんです。怒ってはいけないとはわかってはいるんですが感情が抑えられなくなってしまって。それだけじゃないんです」と一旦口火を切ると話が尽きません。

家族は家族なりに利用者さんのことを思い、良かれと思って一生懸命になってしまいます。私たちケアマネジャーはそれを頭ごなしに否定してはいけません。もちろん、怒鳴る、否定するなんて、認知症の介護の基本として、やっちゃいけない、一見してダメなことと言えるかもしれません。だけれど、そういう気持ちになること自体「ダメではありませんよ」と受け止め、認知症の人に家族としてどう接したら良いか一緒に寄り添い考えていくことが大切です。

ケアマネである前に私だって……

家族に寄り添い、家族から「聞いてくれてありがとう」なんて感謝されている私たち。

「でも待てよ。そういえば、この間、実家に帰った時、両親と喧嘩したなぁ」「あれ、なんで喧嘩したんだっけ」「あ、そうだ！　父親に運転免許の返納を迫ったら、キレられたんだったっけ！」

運転＝悪いこと。みたいな感じでこっちも完全に全否定で怒っちゃったもんだから、母も「そんな言い方ないでしょ」なんて怒り出す始末……元はと言えば、母から頼まれて返納を迫ったのによ？　とほほ。いやいや、他人の家族に寄り添う前に自分の家族に寄り添わんでどうするってね（苦笑）反省！

Episode 9

実習指導にケアマネの卵たちがやってくる！

実習指導が位置づけられた！

２０１６年から実務研修の中に実習指導が位置づけられ、一連のケアマネジメントプロセスの実習を行うことになりました。原則、特定事業所の主任介護支援専門員等がこれからケアマネジャーになろうとする実習生たちを指導します。これまで、ケアマネジャーの養成に現場での実習指導はなかったので、これは画期的なことです。ケアマネジャーがケアマネジャーを育て、お互いが育ち合うという貴重な機会となります。

実習受入前のそわそわ

実習指導が近くなると、指導担当の主任介護支援専門員たちはそわそわしますよね。

「実習受け入れで何をすればいいの？　何を準備すればいいの？」「この事業所にケアマネの卵たちがやってくるのかぁ、どうしよ～」となんとも落ち着きません。

日頃は何気なく行っているケアマネジメントプロセスの再確認をしたり、他事業所の管理者に電話して、「どんな体制でやるの？　何を準備するの？　何か対策考えてる？」と矢継ぎ早に質問する始末。

本当は普段どおりでよいのに、変に力が入ってしまったり、こっちが実習生から評価されるような気がして意識して構えてしまったり、想定外の質問をされたら、どうしよう、なんて杞憂までしてしまいます。

事業所にケアマネの卵たちがやってきた

そしていよいよその日を迎え……実習生がやってきます。まぁ当日を迎えてしまえば、「これまでちゃんと準備してきたし、質問されたって大丈夫。なんだか、ちょっと不安だけど、今はわくわく、楽しみになってきた」と開き直れます。

自分がこれまで行ってきたケアマネ業務を実習生と一緒に再確認できると考えたら、これはこれで結構貴重な機会なのかもしれません。

お互い緊張している中でのオリエンテーションでは、こちらの言葉がけ一つでお互いの緊張の糸がほぐれるものです。準備してきたことをクリアしながら、順調、順調と心の中で自分を褒めましょう。

予定変更にも慌てずに対応

ケアプラン更新での再アセスメントの日。Aさんに訪問確認のために電話をかけました。「Aさん、今日実習生と一緒に訪問の日ですけど、約束のお時間で大丈夫ですか?」。そこでなんとAさんから予想外の一言が。「実はね、今日は体調が良くなくて……暑い日が続いているからかな……別の日に変更してもらえない?」「Aさん、別の日に変更するのは大丈夫ですけど、大丈夫ですか? ご家族は?」
「家族は仕事だから……少し休んでいれば大丈夫だから。起きてトイレに行けているから大丈夫よ」
「Aさん、今日は様子だけ見るために行きますね。心配なので……」

そんなやりとりの後、Aさんのご自宅を訪問。Aさんは幸い、言葉どおり大したことはなさそうでしたが、気になった時はすぐ訪問して確認することの意味を実習生には説明しました。予定外の一日となりましたが、ケアマネの本来の姿を見せることができたかなとまた自分を褒めておきます。もちろん日を改めてインテーク、アセスメント、サービス担当者会議、モニタリング等ケアマネジメントプロセスを改めて見せることになりますが。

素敵なケアマネを送り出そう!

利用者さんは高齢の方が多く、予定をしていてもその日になって体調を崩すこともあります。そんな時、こちら側の都合ばかりを押し付けるのはご法度です。むしろ、こうした不測の事態が起こった際の主任介護支援専門員の行動や対応、言葉がけが実は何よりの実習指導となるのかもしれません。

この実習指導では、私たちが行っているスタンダードなケアマネジメントプロセスを見せることもとても重要ですが、一方で、どんな時でも利用者さんのことを一番に考え、臨機応変に業務を行う姿勢もぜひ見せてあげてください。

そんな姿を見たケアマネの卵たちはきっと、「こんな風になりたい！」とあなたのような素敵なケアマネジャーを目指してくれるはずです。

元気なのはいいけど…あんなに張り切って大丈夫かしら…
あなたの新人の頃にそっくり！
ハハハハハ
エッホント？
新人ケアマネ
よーしガンバルぞ！！
先輩みたいになるぞ！

Episode
10

ついついつけちゃう枕詞
「一応」主任ケアマネです

触れられたくないあの二文字

ケアマネジャー同士の勉強会での一コマ。初対面の人もいたので、改めて自己紹介コーナーを設けました。そこで、とある現象が起こったのです。

「○○居宅介護支援事業所のケアマネジャーのAです」と、元気よく自己紹介の口火を切ってくれたAさんに、先輩ケアマネから間髪入れず「ちょっと待った！」の声が入りました。「Aさんは、たしか去年、主任ケアマネ研修を受けたはずでしょ。ケアマネジャーのって前に、ちゃんと主任の二文字をつけないと！」と。その途端、目が泳ぎだしたAさんは、「あ、というわけで、一応、主任ケアマネです」と消え入りそうな声で付け足しました。すかさず「一応ってなんだー」とどっと笑いがおきました。場が和んでその話はそこで終わり。と思ったのですが、ところがその後。次の順番がきたB主任ケアマネもまた照れくさそうに「私も一応…。まあ名前だけなんですけどね」。その次のCさんも、「自分も一応、なんちゃってなんですけどね」と、主任ケアマネジャーたちの「一応」の連鎖が止まらなくなりました。

もてない自信、つのる経験年数

勉強会が終わった後で、机を片付けながら主任ケアマネジャー同士で立ち話。お題は、なんで私たちは、「一応」主任ですと、ついつい枕詞をつけちゃうんだろう問題についてです。そこで語られたことは、主任と堂々と名乗れるほど自信がないという気持ちの吐露でした。

思えば、あの頃の私たちはもう少し若くてかわいかった（と思う）。海のものとも山のものともつかないまま、やる気だけはマン太郎だった新人ケアマネジャー時代。右も左も分からないまま、ひたすら実務をしている間に、あっという間いつの間にか5年が経ちます。そうすると、職場の上司から天の声が降ってきます。「そろそろあなたもスキルアップを」と。心の準備もできないまま主任介護支援専門員研修の受講機会がやってくるのです。

実務従事期間5年以上の者として70時間の研修を受けたその時を境に、これまで名乗り慣れてきたケアマネジャーという職種の前に「主任」という二文字がつくことになります。これからは、主任ケアマネとして、ケアマネジャーのスーパーバイズもできるように、ますますがんばらねばと襟を正して日々の実務に帰っていきます。

そこで、ふと自信のなさがひょっこりと顔を出してしまうのです。「主任ケアマネです」と名乗ろうとするたびに、研修で習ったような主任ケアマネ像に私は果たして見られているのか、と。「主任」という二文字の重みにぎゅっと胸が押しつぶされそうになるのです。実年齢を語るより経験年数を語るほうが恥ずかしいと感じる今日この頃、皆さまいかがお過ごしでしょうか。

支えることは支えられること

「教えることは学ぶこと、支えることは支えられることなんだよ」。これは、実務について数年、後輩をもつようになった頃のこと、気持ちは新人のままフレッシュなのに、周りからは先輩と見られるようになった自分の不甲斐なさに悩んでいた時（今とそう変わらないですね……）、「私、このままこの仕事を続けていていいんでしょうか」と弱音を吐いた私に恩師がかけてくれた言葉です。そう、主任ケアマネジャーになったからといって、私たちは変わらず同じ対人援助職というケアマネジャーなのですよね。人に教えることを通して自分がより学ぶ機会が増えた、人を支える立場になって自分がより支えられてる実感が深まった、そういうことなんでしょうね。そう考えると「主任」の二文字がついた私たちって、とっても素敵だと思い直せます。

目指せ！　一応じゃない主任ケアマネ

とはいえ、再び巡ってくる自己紹介の機会には、きっとまた「一応」の「い」の字が自然と口をついて出てしまいそうです。それは自信のない自分への言い訳であることは薄うす感づいていました。それでも私たちは、主任ケアマネジャーであることからはもはや逃げられないのです。実年齢とともに積み重なる経験年数もまた隠し通せるものではありません（笑）。時々は、こんなふうに愚痴をこぼしつつも、いつまでも「一応」という言い訳に頼らずに、自信のなさは自らの学びの意欲にチェンジしていくのです。もちろん、最初から「主任ケアマネです」って堂々と名乗れる方もいるでしょうが。

これを読んであるあると思った全国の「一応」さん、さあ、みんなで一応じゃない主任ケアマネを目指していきましょう。

名実ともに主任を目指そう。

Episode 11

やってきて、よかったなぁ、ケアマネジャーの仕事

母と半人前の僕の話

先月、父が亡くなりました。急な病気の悪化で、あっという間でした。父と40年連れ添った母は思いっきり泣きました。あんなに母が取り乱すから、僕は悲しむチャンスを失いました。

独り暮らしになって気弱になった母を前に、いつになく冷静な僕。心の準備をする暇もなくやってきた突然の別れに戸惑う母は、歳をとって小さく見えました。僕は母のこれからをどう支えるかばかりを考えるのだけれど、これがぜんぜんまとまらず、一人っ子の自分を今ほど心細く思ったことはありません。

僕はケアマネジャー（少しおっちょこちょいだけど・汗）

けれども、僕はケアマネジャー。どんな時も乗り越えてきたじゃないか。訪問先で熱中症になって訪問診療の先生に助けられたり、住宅改修にうかがった利用者さんの家の階段から落ちたり、「めったにほえないんですけどね」という利用者さんの飼犬にかまれてご家族さんに手当てしてもらったり、事業所の買ったばかりのパソコンのデータをクラッシュさせてしまったり、市役所に提出しないといけない大事な書類をシュレッダーしちゃったり……笑えない失敗も今では武勇伝。介護者の娘さんと仲良く話をしているのを見た利用者さんから「あんたらが結婚してくれたらもう思い残すことはない！」と言われて、ちょっぴり娘さんがその気になった時には困っちゃったな。そんなこんなで、まだまだ半人前だけど、それなりに経験を積んでやってきたのだし、今こそ母のためにしっかりしないと。

自分が自分の母のケアマネジャーだったとしたら？

ところで、うちの母は何ができて何が課題だろうか？　支援目標は？　そうだ、自分が自分の母を担当するケアマネジャーだったらって考えてみようじゃないか。いつもの仕事以上に客観的になってみよう。「アセスメント、アセスメント！」と呪文をとなえ、馴染んだメガネをかければ、仕事モードのスイッチオン！　僕はいつもの冷静でするどい眼差しに（？）。おっちょこちょいが玉にキズだけど、「アセスメントの視点はなかなかいいわよね」と人をめったに褒めないことで有名な、うちの主任ケアマネジャーにいつだったか褒められたこともあったっけ。ケアマネジャーという仕事に関してはちょっとだけ自信をもって取り組もうとする僕がそこにいたのでした。

生活を支える視点とは？

もう、ひ弱で半人前の僕ではなく、母の担当ケアマネジャーだったらと想定しながら、現実を受け止めようとする半分仕事モードの僕です。父の荷物の片付けや、お墓の手配、葬儀後の精算や手続き、会葬御礼のお便りなどを母と一緒にしながら、「これはできる、大丈夫」「これは気になる、要確認」とアセスメントが始まりました。

このままいくと母は近いうちにこうなって、放っておくとこうなっていくかも。たくさんの利用者さんと築いてきた関係（経験値）のおかげで、母の今後の見通しが不思議なくらいにつきました。それから、介護予防や日々の生活の安否確認など、母の生活を支えるためには、気のおけない友人たちの協力が必要だと、今まで気づきもしなかったことが浮かんできました。

早速、母の友人たちに母と僕とで一緒に改めてあいさつをしておこうと話し合いました。そして、電話で僕から母の友人たちに事情を話し、一人になる母の力になってほしいとお願いをしました。電話を母に代わると、母は「あなたに何か心配があれば息子が役に立つから。だって息子はケアマネジャーなのよ」と自慢気に友人たちに語っていました。「立派な息子さんねぇ」と、とても喜んでくれたといいます。

電話を切って一息。外はいつのまにか夕焼け空。

きっとこれから何度も寂しい瞬間がくるだろう。でも、今はこうしてケアマネジャーとしてやってきた経験が、母のために役に立てられそうだということが、何よりも嬉しかった。そう思うと、やっと僕も泣けてきて。やってきて、よかったなぁ、ケアマネジャーの仕事。

知らないうちに
頼もしく
なったのね…
安心した…
これから
よろしくね

付録

「笑いと涙のケアマネ劇場」座談会

録取日　:2019年10月4日（金）
録取場所：中央法規ビル4F ホール

雑誌ケアマネジャーに掲載した座談会のノーカットバージョンを付録として収載しました。

聞き役：丸山法子／話し手：中　恵美・村岡真由美

「目の前のお茶菓子は誰のもの？」

（第1章 Episode 6）

丸山　お茶菓子にまつわるお話はたくさんあるのでは？

村岡　お茶とお菓子は出てきます。大体、おもてなしがほとんどですけれど、Episode 6のように利用者さんが食べたいものが出てくることもありますね。

丸山　そういう思惑がわかる場合、どうしていますか？

村岡　食べたいんだろうなぁと受容します（笑）

丸山　食べたい気持ちを受け止めつつ、食べてはいけない人、食事制限のある人の場合の対応は？

中　糖尿病の利用者さんのお宅ほど、美味しいお菓子が用意されていたりといったこと、ありますね。

村岡　利用者さんは大丈夫って言うけれど、そこは「控えようね」って。これが言えないケアマネもいますね。引き継いだ方の場合、「前の人は言わなかったもの」なんて言われたりして、言いづらくなったり。

丸山　人生の荒波を越えてきた利用者さんだから、もしかすると、このケアマネはどうかなと試してるということ？

中　確かに。ビジネスライクで付き合うつもりなのか、人として付き合うつもりなのか、みたいなところを試されている気もしますね。

丸山　なるほど、では、試されているなぁと感じた時はどうしますか？

中　多くの人はルールをわかっていていてあえて出してきています。人にお世話になるのが苦手な人が、お茶やお菓子でもてなすことを通して、あなたと私は対等な関係でしょ？　というメッセージを送ってくることもありますから、そこは受け止めたいと思います。「お気持ちはとてもありがたいけれど、客人ではないので、今日で終わりね。もう次回からはいいですよ」とはっきり伝えます。

丸山　メッセージは受け止めるけれど、ケアマネとしてのスタンス、関係性はきちんと説明するということですね。

中　はい。お菓子が出ないようにとお昼前を狙って訪問したら、お昼ご飯を用意されたなんてこともありました（笑）利用者さんのほうが上手（うわて）です！

村岡　そういう時にせっかく準備してもらったけれど「これは食べられないよ」って言えるかどうかですね。その時の振る舞い方を見て、相手もこちらを信用していいかを判断しているのだと思います。

丸山　試されている私たちはどういう心持ちであるべきなのでしょうか。プロ意識とは？

中　敷居をまたいで家の中に入るので、「郷に入っては郷に従え」ですね。どういう人と出会っても波長合わせが大事になるけれど、さらに、家に入っていくケアマネは、その家の文化を教えてもらうというプロセスが必要になるかなと思います。

村岡　利用者さんも最初は、身構えてることが多いですし、不安で緊張していると思うから、こちらがそれをきちんと汲んであげることですね。それが信頼関係を築く初めの1歩です。相手のルールを教えて欲しいという雰囲気を出していかないと、利用者さんもずっと構えたままですから。

「プライベートでも相談を受けちゃう」（第2章 Episode 1）

丸山　これは職業病がテーマですね。つい公私の区別がなくなってしまうといいますか。

中　例えば、タクシーに乗ると、運転手さんの人生を聞いてしまい、なぜか遠回りしてしまうとか。

村岡　何となく話したそうにしている人の話は聞いちゃいますね。タクシーでも「この運転手さん話したそうだぞ」ってキャッチすると、こっちから話を振ったりして。

丸山　まさに職業病ですね（笑）

中　居酒屋に行っても、酔いが回ってくると、みんな他のグループの事情を聞きに行っちゃったりして。その店にいる他のグループの人間関係なんかをみんなが語れてしまうという、すごい情報収集能力が備わってたり。それから、この間、競馬場に行ったのですけど、いつの間にかフィールドワークになってしまっていて（笑）。ここが居場所としてどういう意味があるのか、あそこのおじさんはどうして今ここで寝ているのかとか。

村岡　気になって仕方がないのでしょうね。人が気になっちゃうし、人が好きだから、ついつい自分からそういうオーラを出しちゃう。

中　わかる。オーラが出てますよね。

村岡　みんな、だだ漏れしていることに気づくから、そういう人のところに「ちょっと聞いてよ」と相談に来ますよね。

丸山　そう。でも、プライベートでもオーラを出しっぱなしにしていると大変では？

中　うん。でも、いい仕事をしているケアマネジャーって、すごく人に興味があって、質問力や雑談力も高いです。それは普段から漏れてますね。

村岡　漏れるよね。簡単には止められない。

丸山　なるほど。感性から出るものだったりするからかな。だから感性に蓋をするっていうのは難しい。では、公私の切り替えはどうしていますか？

中　私は通勤時間が40分くらいで、その時間で気持ちの切り替えをしています。

村岡　私もそれくらいです。やっぱりそれくらいの時間が必要ですね。

丸山　確かに。通勤5分の私は近過ぎてダメ。途中でちょっと買い物をしたりして切り替えてます。でもそもそも、切り替えっていうのは、何のために必要？

中　色んなタイプがいるでしょうが、私自身は、公私の区切りなくしていたら仕事を続ける自信ないです。で、続けられない仕事をするのが一番無責任な気がしています。

丸山　続けていくために、切り替えをする。

中　はい。それに、専門職である前に私も一人の人間だし当事者ですから。

丸山　自分を大事にしましょうということですね。

村岡　自分をちゃんと見られないと、相手のこともちゃんと見られないと思います。

中　この仕事は自分が道具ですからね。やっぱり自分という道具のメンテナンスをしておかないといけないです。

丸山　話はそれるかもしれないけど、ケアマネも人。日常にあるストレスや人生の傷跡を抱えながら、利用者さんのところに行って利用者さんに癒やされるのを無意識に期待している面もあるのかな。

中　そこはプロとして意識化しておく必要はありますね。やっぱり福祉的課題を持っている人が福祉の仕事に興味・関心を持ってしまうというのは多分にあると思うんですよね。

村岡　それに、自分を犠牲にして仕事をすることがソーシャルワーカーだと、間違った認識をしている人もいますよね。

中　アンパンマンみたいなものですね。お腹が空いて困っている人に自分の顔をあげて、自分は元気がなくなっちゃう。あれでは、続けられませんよね。

村岡　私たちが支援する人たちは、いろんなしんどいことを抱えていて、その状況の人にずっと向き合うとなると、こちらにもそれ相応の覚悟が必要です。それが365日24時間となると、かなりしんどいと思います。どこか抜け感がないとって思いますね。

中　いい仕事をしようと思ったら、いい休み方を含めて自分を大切にする方法も知らないと、です。

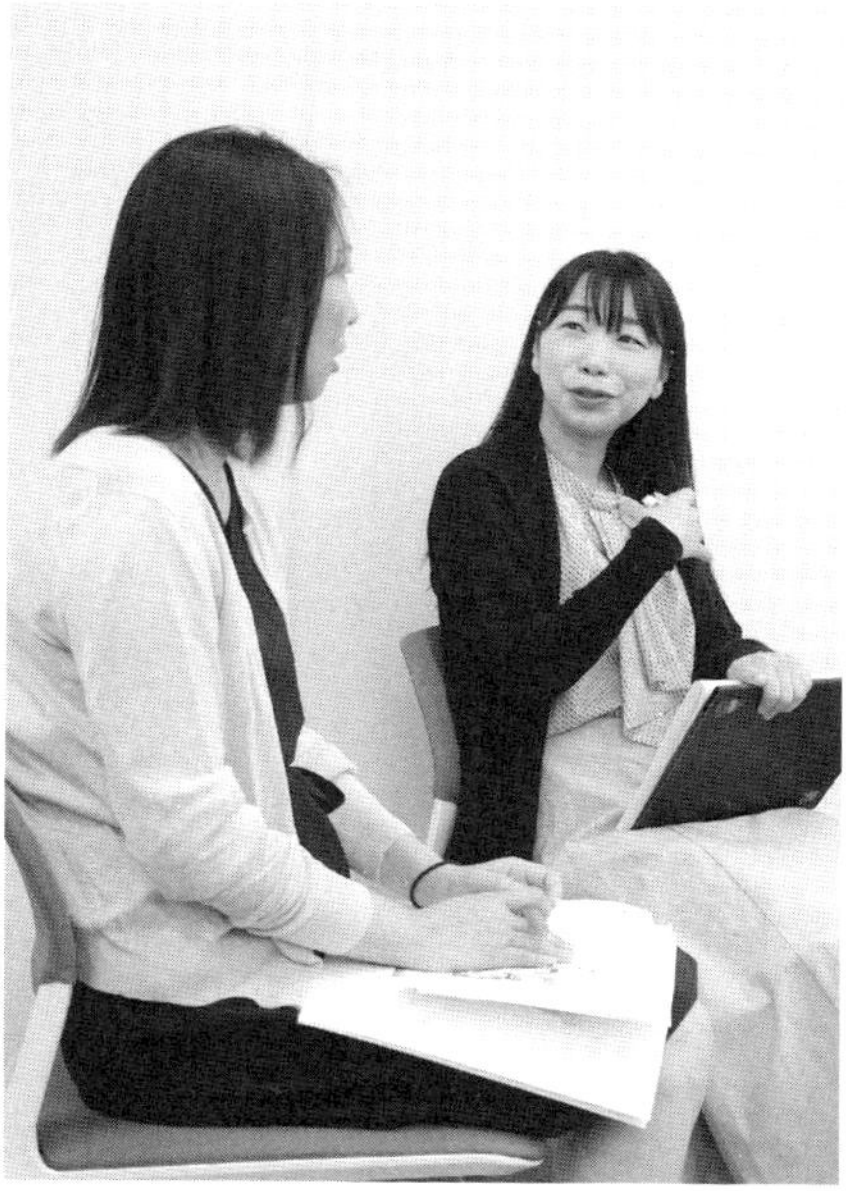

「病院に行くと家族代わりにされる」（第3章 Episode 7）

丸山　これはまさに「あるある」ですね。家族代わりにされますか？

中　はい。どうしても日本の医療や介護は、家族に頼り過ぎているところがあります。

村岡　そうかもしれないですね。

丸山　家族だから何を差し置いても面倒をみて当然、っていう期待。

中　身寄りのない人を救急搬送する場合、多くは支援者が救急車に乗らないと始まらないでしょう。そうして、検査が終わって、入院が決まるまで1日がかり。それでも、カウントできる相談件数は1件です。

村岡　私たちとしては、このエピソードのように「家族じゃないんだよ～。私はケアマネですよ～」って訴えているんですけどね。

中　ケアマネジャーに家族の役割を求められるという問題の根底には、どこまでが業務範囲か、それを他者に説明できるかという課題があると思います。受診同行一つとっても、ケアマネとして何で今このかかわりが必要かについて根拠が言えるならば、私はそれは業務範囲なんだと思います。

村岡　業務範囲って今はアバウトですから、自分の携帯番号を教えていて、何かあれば、自分に緊急連絡が入るような。本当に家族の代わりみたいなことをしていますよね。

丸山　そうなると、境界線がなくなり、言われるがままになっていく気がします。

中　やらざるを得ないということもありますが、それをやってしまう時、全て根拠を持って、自分の業務を語れているかといえば、そうじゃない。単純に安請け合いしてしまっている面もあります。

丸山　それに人がよすぎて断れないこともありますね。

中　はい。本当に傍から見て心配するほど人がよすぎるケアマネさんも多いです。

丸山　まずは、ケアマネの業務に根拠を持つことができればよいということでしょうか？

中　例えば、なぜ受診同行するのかということを説明できるかどうか。主治医との連携をとりたいとか、病状説明を一緒に聞いて今後の支援方針を決めたいとか根拠を語れることが大事ですよね。ただ、難しいのは、この仕事って、正解がないので、正しさを問うても、多分、答えは出ないと思うんですよ。

丸山 絶対の正解はなく、あるのは最適解。

中 はい。例えば、ごく最近あった話で、経済的な理由から生活に困窮している利用者さんの受診同行の日。天気が大荒れで、車いすの利用者さんとその付き添いの息子さんのために社用車を出すかどうか、という問題を相談されました。私は理由なくして安易に出すべきではないと伝えました。この時、息子さんが車いすを押して病院に連れて行くと決めていたので、ケアマネとしては今できるサポートを優先する。そして、本人と息子さんに、「雨がひどいからタクシーのほうがいいんじゃないか」と話してみる。介護や治療にお金がかかるその現実を一緒に直視して、そこに寄り添うというプロセスをまず押さえてみる。その上でやっぱり「いや、でもお金がないので」という場面で初めて社用車の使用も考える……そういう順番を意識してかかわることを提案しました。これだって何が正解かわからないじゃないですか。最初から車を出すのが正解かもしれないし、タクシーでって説得するのが正解かもしれないし、何が何でも雨の中、車いすを引っ張っていくのが正解かもしれません。

村岡 私も車は出さないほうなんですね。というのは、それが当たり前になってしまうと困るっていうのと、事故に遭った時に誰が責任をとるのかという問題もあります。

中 結局、そういうリスクも引き受けて、総合的に考えていく必要がありますよね。

村岡 ただ、言えることは、利用者さんが生活保護だから、お金がないから、かわいそうだから、じゃあ社

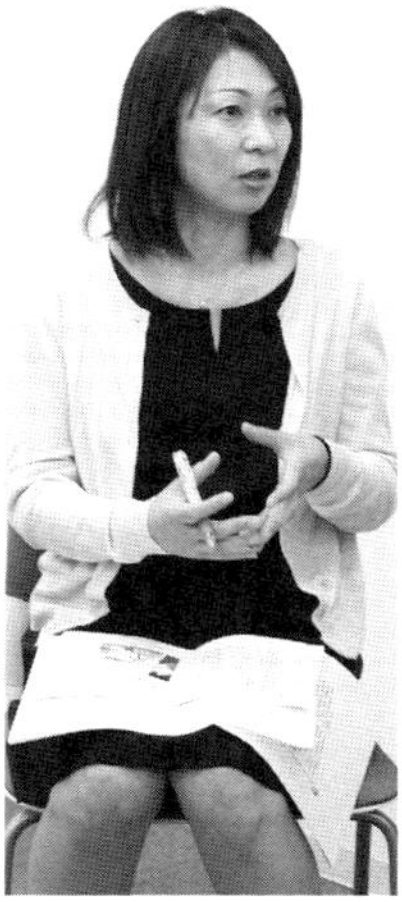

用車でってなってしまうこと自体が問題で、私たちはそういう支援をする仕事ではないから、目の前の問題を解決する手段があるのかないのかをちゃんと考えることが重要です。

丸山 1人の人間として困っている人を目の前にしたら、何かカバーしてあげたいとか手助けしてあげたいっていう気持ちはあるかもしれない。でもケアマネとしてはそれだけではいけないという視点ですね。

村岡 してあげることが美学ではないし、それがケアマネという専門職ではないと思います。実際のところやってあげてしまうことのほうが簡単です。それで信頼関係もすぐつくれると勘違いしてしまう。だけどそこではないから。

丸山 何かしてあげることは簡単だけど、その根拠がきちんと言葉で説明ができるか。

村岡 逆に言えば、説明できないから、やっちゃうのかな。それで、上司から「何でそうしたの?」って聞かれた時に、答えられない。

中 そのほうが結果として無責任ということにつながりかねません。

丸山 では、例えば、1人ケアマネで誰も相談する相手がいない場合、どうやって今のような話に気づいて、無責任にならないようにすればいいのでしょう。

中 どんな立場でもそうだけど、1人で仕事ができると思わないことですね。1人ケアマネであっても、やっぱり自分の支援が本当に大丈夫かっていう点検や事例検討会を一緒にやってくれる仲間が必要だと思います。

村岡 そうですね。そういう意味では、包括がそういう人たちの窓口になりつつあって、実際に1人ケアマネが気軽に電話をかけてきてくれます。

中 支援者は支えるだけの人じゃなくて、支えられながら支える人です。その構図をわかっていることが大切かな。

丸山　なるほど。ケアマネ自身がつながりを持てているか？　ということ。

中　今回のこの「あるある本」もそうなんだけど、すごくしんどい状況を、くすって笑える、ユーモアに変えられる仲間がいるといいなぁと思います。

丸山　確かに、くすっと笑える環境があると助けられる。

村岡　うちは、しょっちゅうくすっと笑ってますよ。

中　うちも笑うしかないということも多いので（笑）。あとは、包括の立場としては、支援者を支援できる環境づくりに目を向けていきたいかな。それこそ包括の業務の範囲ど真ん中なんだけど。

丸山　そういうことですね。支える側を支えること、そういうケアマネジャーがのびのびと働ける体制づくりは、行政や包括にも期待したいところです。

「敷居の向こう側で目にする現実あるある」
（第5章 Episode 1）

丸山　最後に少し踏み込んだお話です。

中　最近、８０５０とかダブルケアとか世帯支援とか言われ始めましたけど、ケアマネの業界では、別に新しい話でもないという印象です。

丸山　利用者支援を考えると家族は切り離すことができないですからね。

中　このエピソードは私が経験した実話を基にしたものなんです。認定調査に行った時に、私だけが見える人がいたんですよ。それで一緒に行った人は、「いや、怖い、怖い。中さんそんなことを言わないでください」って。

村岡　でも、実際に引きこもりの息子さんがいるわけですね。

中　そう。それで、ここにも書いたのですけど、ケアマネジャーの一番大きな特徴って、「家の敷居をまたぐこと」だと思っていて。敷居をまたぐことで見えてくることがたくさんあります。まさにアウトリーチなんです。ケアマネジャーはそこを業務範囲に入れているすごい仕事だと思いますよ。

丸山　まさに、ケアマネは、家族以外の誰も敷居をまたげないまま、こじれてしまった家族の問題を目の当たりにするわけで、本当に大変な仕事だと思います。

村岡　でも、抱えきれない状況にもなっているので、頑張りすぎないでもっといろんな人を巻き込んでもらいたいなって思いますね。

中　この仕事って、誰かとつながることで成り立つ仕事ですしね。

村岡　私もすぐ誰かに頼っちゃいます（笑）。頼り上手にならなきゃだめですね。

中　支援者の支援を求める力、言ってみれば受援力みたいな。

村岡　そう。それで「頼っていいんだよ」っていうことを主任介護支援専門員たちが後進にきちんと伝えていくことが大切じゃないかな。

中　よく困難ケースって言うじゃないですか。あれって単に支援者が想定しているケースという範囲に収まらないだけなんですね。

村岡　そう。はみ出たからちょっと問題になっちゃっているけど、意外とそうではなくて。

中　認知症ケース、医療連携ケース、看取りケースとか、いつの間にかできたケースがあって、どのケースにもはまらないのが困難ケース。

村岡　自分のケースに収めようって思うほど収まらなくなる。

中　だから支援者はしんどくなるのですが、できないことを認めることが大切なんですよね。私って何もできないって思えたところがスタート地点というか。

丸山　自分の経験からくる「ケース」に収まらないと感じた時の対応の仕方ですね。人に助けてって言うことも1つですし、いっそのこと、「ケース」を取っ払ってみてみるのもいいのかも？

村岡　でも、やっぱりケースに収めようとして……。結局、高齢者はできるけど、若い世代の30〜50代の息子さんが引きこもっていたりしても、見て見ぬふりをしてしまう。

中　敷居をまたいだ先にある現実から目をそむけて蓋をしてしまう。

村岡　でも。結局、気になってしまうんですけど。

中　自分で解決できる問題ではないですから。ケアマネジャーは敷居をまたいで家に入って、８０５０問題に気づいたら、しっかりとつないでいければいいわけです。ケアマネが発見するという大きな役割を果たしたら、次は多機関多職種チームの出番です。

丸山 そうですね。家族にとって、利用者しか見ないケアマネと出会うことで起きる今後の未来と、家族全体を見てくれるケアマネと出会うことで起きる、50代の息子さんや娘さんの未来を考えたら、もう全然違う価値が生まれてくるっていうことですよね。

村岡 ケアマネには後者であってほしいなと思いますし、後者のようなケアマネも増えてきています。実際、相談してくれています。

丸山 最後にこの本を手に取ってくれる人に向けて一言。

中 この本を読んで、「ケアマネの仕事ってさぁ」とやっぱりくすって笑ってほしいです。とっても大変な仕事だし、大変な現実の中にいるから。そんな状況でも、お互いのボロボロな姿を見合ってちょっと笑えることがあるよね、笑える仲間がいたよね、みたいなところを感じてほしいと思います。顔が少しでも上向きになってもらえたら嬉しいですね。

村岡 ケアマネって通常業務以外に、いろんなことを細々やっていますから、みんなルーチン業務以外もすごくよくやってるよね、って共感できればいいかな。それで、もうちょっと頑張ろうか、みたいになればいいですね。

丸山 はい。ちょっとお疲れのケアマネの明日の活力につながるサプリになれば嬉しいですね。

中 職場の福利厚生として、事業所に1冊置いてもらえたらいいなぁ。

村岡 元気がないケアマネにプレゼントしてあげるのもいいですよね。

丸山 はい。そうなることを期待して（笑）本日はありがとうございました！

ケアマネ「あるある」発見隊隊員（執筆者）プロフィール

中　恵美（なか・えみ）

発見隊隊長

金沢市地域包括支援センターとびうめ　センター長
認定社会福祉士・精神保健福祉士・主任介護支援専門員

1 キャッチフレーズ
迷ったらおもしろいほうへ　そのせいか、極度の方向音痴

2 休日の過ごし方
本を持って旅に出る（なぜか周りは徘徊と呼ぶ）

3 あなたを漢字一文字で表すと？
中

4 私、こう見えて実は●●なんです。
かけっこはいつもビリ

5 これからの野望・夢
ムーミン谷に住む

執筆箇所：第１章１・３・７・番外編①／第２章２・５・９・番外編②・ご当地あるある（金沢編）／
第３章２・12・13／第４章１・２・６・８・10／第５章１・２・３・４・５・10

村岡真由美（むらおか・まゆみ）

青森市地域包括支援センターのぎわ　所長
社会福祉士・介護福祉士・主任介護支援専門員

1 キャッチフレーズ
なるようになる、なんとかなる

2 休日の過ごし方
サッカー観戦、でもオフサイドって何？

3 あなたを漢字一文字で表すと？
真

4 私、こう見えて実は●●なんです。
人見知り

5 これからの野望・夢
星の砂を見つけに行く

執筆箇所：第１章２・４・５・６・８／第２章４・７／第３章３・４・５・８／
第４章３・４・５・ご当地あるある（青森編）／第５章６・７・８・９

丸山法子（まるやま・のりこ）

一般社団法人　リエゾン地域福祉研究所　代表理事
社会福祉士・介護福祉士・介護支援専門員

1 キャッチフレーズ
やってみたいならやってみる、どのみち後悔するならば

2 休日の過ごし方
「休日」って、なんのことだっけ？

3 あなたを漢字一文字で表すと？
丸

4 私、こう見えて実は●●なんです。
津軽三味線でディープパープルが弾けちゃいます

5 これからの野望・夢
楽器ひとつかかえて世界を歩く

執筆箇所：第２章３・10・11／第３章９／第４章11・ご当地あるある（広島編）／第５章11

足立里江（あだち・さとえ）
朝来市健康福祉部ふくし相談支援課　副課長
主任介護支援専門員・社会福祉士・看護師

1 キャッチフレーズ
筋肉と向きあうことは、自分と向き合うこと
2 休日の過ごし方
気づきの事例検討会の検討逐語録を書き起こして
読み込んだり、酵母菌を育ててパンを焼いてます
3 あなたを漢字一文字で表すと？
里
4 私、こう見えて実は●●なんです。
バーベル 60kg担いで、スクワット 10 回！
5 これからの野望・夢
四柱推命を習いに行きたい

執筆箇所：第 2 章 1・8・番外編③／第 3 章 10 ／第 4 章 9

橘　康彦（たちばな・やすひこ）
障害者支援施設なでしこ園　副施設長
社会福祉士・主任介護支援専門員

1 キャッチフレーズ
人生は 1 度きり！
2 休日の過ごし方
ペットのウサギとまったり過ごす
3 あなたを漢字一文字で表すと？
和
4 私、こう見えて実は●●なんです。
スキーのインストラクターができます
5 これからの野望・夢
南極大陸上陸

執筆箇所：第 2 章 6 ／第 3 章 1・6・7／第 4 章 7

松川竜也（まつかわ・たつや）
ツツイグループ医療法人徳寿会　顧問兼コンプライアンス室室長
主任介護支援専門員

1 キャッチフレーズ
この世界は可能性に満ち溢れている
2 休日の過ごし方
休日はほとんどない。しいてあげるならお正月の箱根駅伝観戦
3 あなたを漢字一文字で表すと？
竜
4 私、こう見えて実は●●なんです。
カレーは甘口
5 これからの野望・夢
オーロラを見に行く

執筆箇所：第 1 章 9 ／あるある案多数

寄稿者プロフィール（執筆順）

■ **山田友紀**（やまだ・ゆき）…………… 第 2 章ご当地あるある（京都編）
ふくなかま居宅介護支援センター

■ **石山麗子**（いしやま・れいこ）……… 第 3 章 11
国際医療福祉大学大学院医療福祉経営専攻教授

■ **山本繁樹**（やまもと・しげき）……… 第 3 章ご当地あるある（東京編）
立川市社会福祉協議会地域活動推進課長

■ **奥田亜由子**（おくだ・あゆこ）……… 第 3 章ご当地あるある（名古屋編）
ふくしの人づくり研究所

■ **林田雅輝**（はやしだ・まさき）……… 第 4 章番外編④
自立就労支援センターいしびきセンター長

■ **針山大輔**（はりやま・だいすけ）…… 第 4 章ご当地あるある（兵庫編）
芦屋市精道地域包括支援センター

あるある！
笑いと涙のケアマネ劇場

2019年12月20日　発行

編　集　ケアマネ「あるある」発見隊
発行者　荘村明彦
発行所　中央法規出版株式会社
〒110-0016　東京都台東区台東3-29-1　中央法規ビル
営　業　TEL 03-3834-5817　FAX 03-3837-8037
書店窓口　TEL 03-3834-5815　FAX 03-3837-8035
編　集　TEL 03-3834-5812　FAX 03-3837-8032
https://www.chuohoki.co.jp/
印刷・製本　図書印刷株式会社
装幀・本文デザイン　株式会社ジャパンマテリアル
イラスト　小松聖二

ISBN 978-4-8058-5971-1
定価はカバーに表示してあります。落丁本・乱丁本はお取り替えいたします。